计金标 主编

反对工具主义

论翻译

〔美〕劳伦斯·韦努蒂 著

蒋童 阿依慕 译

**Contra Instrumentalism:
A Translation Polemic**

Lawrence Venuti

CONTRA INSTRUMENTALISM: A Translation Polemic © 2019 by Lawrence Venuti
Published by arrangement with THE UNIVERSITY OF NEBRASKA PRESS
Simplified Chinese translation copyright © 2025
by The Commercial Press, Ltd.
ALL RIGHTS RESERVED

根据内布拉斯加大学出版社2019年英文版译出。
此版本仅限在中华人民共和国境内（不包括香港、澳门特别行政区及台湾地区）销售。

目　　录

致谢 1

挑衅 3

引言　开始 / 停止 5

第一章　劫持翻译 40

第二章　谚语的不可译性 78

第三章　字幕翻译的困境 118

结论　停止 / 开始 159

注释 163

致　谢

在我撰写本书的不同时间段，不少同事给出了有益的评价，他们是：周蕾（Rey Chow）、迈克尔·克罗宁（Michael Cronin）、布伦特·海耶斯·爱德华兹（Brent Hayes Edwards）、特雷弗·马格拉夫（Trevor Margraf）、丹·奥哈拉（Dan O'Hara）、玛乔瑞·帕洛夫（Marjorie Perloff）、尼尔瓦纳·特诺赫（Nirvana Tanoukhi）以及苏珊·韦尔斯（Susan Wells）。加里·古廷（Gary Gutting）对米歇尔·福柯（Michel Foucault）的作品提出了有益的见解，罗杰·克莱斯汀（Roger Celestin）、奥古斯托·洛伦齐诺（Augusto Lorenzino）、史蒂文·伦德尔（Steven Rendall）和尚塔尔·怀特（Chantal Wright）提供了很多的信息，助力我写出引言。

2013年6月28日，哈佛大学世界文学研究所举行了"研讨世界文学"（Debating World Literature）的分论坛，第一章的开头就是对此分论坛的回应。感谢论坛主持人大卫·达姆罗什（David Damrosch）给我发言的机会。莎莉·米切尔（Sally Mitchell）引领我注意到维多利亚时代住房的有用数据。苏珊·伯诺夫斯基（Susan Bernofsky）描述了占领华尔街翻译工作小组的活动。马修·哈灵顿（Matthew Harrington）分享了斯特法纳·黑塞尔（Stéphane Hessel）的作品《请愤怒吧！》（*Indignez-vous!*）对西班牙影响的研究。这一章的早期版本刊于《边界2》（*boundary 2*）。感谢编辑保罗·鲍威（Paul Bové）以及编辑团队的支持。

玛丽-爱丽丝·贝尔（Marie-Alice Belle）在蒙特利尔大学从事语言学和翻译

研究，我和她就早期现代翻译进行了交流，令我深受启发。俄勒冈大学罗曼语系的吉娜·普萨基（Gina Psaki），指导我对意大利谚语"traduttore traditore"（汉语一译"翻译即叛逆"，钱锺书译为"翻译者即反逆者"）进行了基本研究。芝加哥大学意大利语和西班牙语荣誉教授保罗·切尔奇（Paolo Cherchi）待人和蔼，帮我审阅了我所翻译的尼科洛·凯尔基（Niccolò Franco）著作中的选段。剑桥大学三一学院研究意大利语的保罗·霍华德（Paul Howard）帮我微调了译文的选择。

俄勒冈大学韩语语言学教授卢西安·布朗（Lucien Brown）极富耐心地回答了我关于韩语的问题，并且提供了诸多韩语文字的音译。金多艺（Da Ye Kim）为我提供了朴赞郁（Park Chan-wook）的电影《蝙蝠》（*Thirst*）的原声配音、文字和音译，并解答了我关于具体单词和短语的问题。感谢亨利·贝阿尔（Henri Béhar）、莱尼·博格（Lenny Borger）、约翰·固尔德（John Guldej）、郑元祖（Wonjo Jeong）以及权小英（Esther Kwon），感谢这些字幕制作者所做的访谈，给我带来了很大启发。彼得·贝克尔（Peter Becker）和莉兹·赫尔夫戈特（Liz Helfgott）提供了有关"标准收藏公司"（Criterion Collection，美国 DVD 发行公司）的信息。巴纳德学院研究法语和比较文学的彼得·康纳（Peter Connor）在艾尔莎·康纳（Elsa Connor）的帮助下改编了朱尔斯·达辛（Jules Dassin）的《男人的争斗》（*Rififi*）的开场配乐。

所有未署名的翻译与转录均出自我个人。

卡伦·范·戴克（Karen Van Dyck）无疑也感受到了这一切，她时而鼓励我，时而批评我，对我的观点提出赞成或反对，还为我营造了最适合生活和工作的氛围。

劳伦斯·韦努蒂
纽约—巴塞罗那—锡罗斯岛
2018 年 6 月

挑 衅

翻译一直是无处不在的。时至今日,它在诸如经济和政治、法律和军事、宗教和科学等许多文化和社会机构的实践中占据着重要地位。艺术和人文学科的形式与思想都依靠翻译得以发明、积累和传播。然而,翻译仍在被严重误解、无情盘剥与盲目蔑视。这已经限制了我们几千年来对翻译的理解,是该放弃简单陈旧思想的时候了。

停止视翻译为隐喻。
开始将其看作是一种客观存在的语言与文化实践。

停止使用诸如"忠实"和"不忠实"之类的伦理术语来描述翻译。
开始将其定义为与原文本建立的等值变量。

停止把翻译看作是机械的替换。
开始将其视为一种需要文笔与智慧的解释。

停止仅通过将译文与原文本进行比较来评估译文。
开始审视它们与译入语文化中的价值观、信仰和表征的层次关系。

停止断言任何文本都不可译。

开始理解每个文本都能够被翻译,因为任何文本都可以被阐释。

www.provocationsbooks.com

引言　开始/停止

范围

　　这场论辩的对象，是我称之为**工具主义**的翻译模型。该模型把翻译看作不变量的复制或转移，原文本、常量形式、意义与效果包含这一不变量，或将其引发出来。两千多年来，这种"工具性"的翻译模型一直主导着翻译理论和评论，至今，我们仍可在诸多地方看到其影响力，比如在精英和大众文化、学术机构和出版行业、学术专著和文学新闻学、最脱离现实的理论话语、最常用的老话以及有关翻译的谚语中。这一主导地位带来了很多负面影响：翻译实践在学术和文学获奖中处于劣势地位；翻译研究相对匮乏；翻译还原性被过度简化；甚至对翻译研究进行单纯幼稚的解读，当然，也因此诞生了一系列理论概念和实践策略，它们预先阻止了一种完全不同的翻译模型，我称之为**解释学**翻译模型。

　　解释学模型将翻译设想为一种解释行为，它会不可避免地根据译入语文化的可接受度和兴趣改变原文本的形式、含义与效果。即使像今天的大多数译者一样，都遵循绝对严格的对等概念，力求建立与原文语义一致、文体相似的文本，这种差异也无法规避。根据我在本书中提出的**解释学模型**（部分改编自查尔斯·皮尔士[①]和翁伯托·艾柯[②]的符号学理论[1]），译者通过解释项

[①] 查尔斯·皮尔士（Charles Peirce, 1839—1914），美国哲学家、物理学家、数学家，实用主义创始人。（本书脚注皆为译者注，原注为尾注。）

[②] 翁伯托·艾柯（Umberto Eco, 1932—2016），意大利哲学家、符号学家、历史学家、文学批评家和小说家，主要著作有《启示录派与综合派》。

（interpretants）、形式化要素（formal factors，如等值概念和风格概念）及主题化要素（thematic factors，如从与特定社会群体相关的价值观、信仰和象征意义出发，对评注或意识形态中的原文本做出解释）将原语转换成译语。解释项通常可直接使用且无须批判性反思，不仅给译者的语言选择指明了方向，而且确保这些选择不仅是语言方面的，还有效地构成了解释行为，表达并细化了不同的文本框架与含义，包括韵律与意象、叙述视角与人物塑造、体裁与话语以及术语与论点。使用解释项可确保即使与原文建立了各种解释关系，译文仍相对独立于原文而存在。

虽然解释项包含原语文化材料，但其主要来自拥有翻译决策权的译入语文化，尤其是人文学科的诸多文本，如文学和哲学。尽管如此，翻译并不能简单地将原文本同化为译入语读者能理解和感兴趣的文本。通过保证语义对应和文体相似，翻译可为原文本的不同内容提供依据，如剧情概述和人物分析、哲学观点的总结和概念术语的解释、词汇句法特点的描述，甚至是将其融合在一起形成独特的风格。尽管如此，翻译作品建立的解释关系仍无法一字不差地重现原文，也不可能让读者能够以原语言读者对原文的回应方式对译文做出回应。因为文本就是一件复杂精密的工艺品，它要维持其含义、价值与原语文化的特定功能。而在翻译过程中，其复杂性会被创造出的另一个文本所取代，从而维持译文的含义、价值以及另一种不同的语言和文化的特定功能。因此，任何对应或相似性都是一种彻底的转变。

因此，不能把翻译看作是对原语文本直接或无中介的获取。任何文本只有通过某种中介才能获得，这就是雅克·德里达所说的铭刻（inscription），它揭示了文本一直以来都被置于意义网络的道理。[2] 最有成效的中介，被解释为一系列不同的常规和惯例、媒体和机构，甚至在文本成为接受译者解释的原文本之前。解释项作为必要中介，不仅可以创造出很多不同的翻译，也让任何文本拥有多重且互相冲突的解释。这还意味着对译文的描述、解释和评价，既受到评论家或审稿人对使用解释项的认可,也会受其约束,这可能与译者使用的解释项一致,但也可能不一致。解释行为也许会引起无休止的符号过程(semiosis),因为它是由解释场合、机构场所、文化形式与惯例的结合以及历史时刻所界定。换言之,依靠不断变化的、相互联系的以及彼此影响的解释语境,可以产生相同原文本的不同翻译,德里达将这种语言使用的条件称为"可重复性"(iterability)。[3]

解释学翻译模型的重要概念是从符号学和后结构主义中汲取的,在展开这一模型时,我有意抛开哲学解释学的传统,尤其是海德格尔和伽达默尔的解释学。海德格尔和伽达默尔都构想过翻译理论和方法,虽然取得了较为显著的进步,比如开始关注解释的精神和文化条件,但他们的思想最终还是走向了工具主义。

例如,海德格尔在1946年发表了《阿那克西曼德之箴言》(The Anaximander Fragment)①,他在该文中认为,这篇古文的所有译本都必须避免"柏拉图和亚里士多德的描述和概念",因为这些描述和概念"仍然会引导早期希腊思想家的解释"。[4] "不充分的假设"包括诸如阿那克西曼德提出的"自然哲学"与"不适当的道德主义和法律思想"这两个概念,或者他涉足一些专业领域,如自然科学、伦理和法律,又或者他的"原始观点"在"诗意的表达"[5]中"拟人化"地象征了这个世界。海德格尔坚持认为,这些解释行为,用我自己的术语来说,也就是所有的主题解释项,必须"被有意识地抛弃",于是他继续通过翻译来记录自己的解释。[6] 不过,他认为这一解释是希腊语片段的真正含义:

Certainly we can translate γένεσις as origination; but we must think this

---

① 《阿那克西曼德之箴言》,西方思想中最古老的箴言。相传,阿那克西曼德生活于公元前7世纪的萨摩斯岛上。海德格尔根据他自身的思想,结合旁人对于古希腊文献的研究,对箴言进行了阐释。

originating as a movement which lets every emerging being abandon concealment and go forward into unconcealment. Certainly we can translate φθορά as passing away; but we must think this passing away as a going which in its turn abandons unconcealment, departing and withdrawing into concealment.[7]

Wohl können wir γένεσις durch Entstehen übersetzen; aber wir müssen das Ent-stehen dabei denken als das Ent-gehen, das jedes Entstehende der Verborgenheit ent-gehen und in das Unverborgene hervor-gehen läßt. Wohl können wir φθορά durch Vergehen übersetzen; aber wir müssen das Vergehen dabei denken als das Gehen, das dem Unverborgenen wieder ent-steht und in das Verborgene weg- und abgeht.[8]

我们当然可以把 γένεσις 翻译为"起源";但我们必须把它看作一种运动,它让每个出现的生命放弃隐藏,抛头露面。我们当然也可以将 φθορά 翻译为"消逝";但我们必须把它看作是一种离去,相反它放弃了露面,离开并隐藏起来了。

根据《利德尔-斯科特希英大词典》①,γένεσις(英语意为 genesis,汉语意为"开端")可以翻译为"起源""诞生""创造"与"产生",而 φθορά (phthorá)则有"毁灭""死亡""腐坏"与"不复存在"[9]之意。海德格尔的德语用词显然承认这些含义(Entstehen 的中文意为"发生",Vergehen 的中文意为"消逝"),但他摒弃了这些词汇,而支持"隐藏"(Verborgenheit)和

---

① 《利德尔-斯科特希英大词典》(Liddell-Scott's Greek-English Lexicon),该词典引用了埃斯库罗斯、希罗多德和柏拉图等资料来源。

"无蔽"（Unverborgenheit）。在他写那篇关于阿那克西曼德的文章之前的20年里，他提出真理观念时所使用的就是这些术语。[10] 海德格尔赋予他的译文以必然性（必须/müssen），最终他断言，它反映了"存在之真理"（德语为Wahrheit des Seins，英语为 truth of Being）。[11] 通过这种方式，他把自己的解释理解为语义不变量（a semantic invariant），并认为这在自己的德语版本中得到了再现。这种不变量减少了阿那克西曼德文本的潜在含义，让固有且不变的本质发生作用，将这位早期希腊思想家荒谬地转变为海德格尔哲学的传播者。

我的目的是终结翻译理论和评论中的工具主义思维。结果表明，工具主义本身就是一种过度简化翻译实践的解释，它助长了读者可以立刻获取原文本的错觉，我们必须给予揭露和摒弃。工具主义是一种严重的形而上学思维，给翻译蒙上了污名，让即使是最有学识的理论家和专业学者也无法推进个中的知识和实践。在我看来，解释学模型为翻译提供了更全面、更深刻的理解，不仅让人们能够了解翻译工作的创造性和学术性，同时也能了解翻译在塑造社会文化制度中发挥的关键作用。我认为，所有的翻译，无论其原文本是人文主义的、实用主义的还是侧重专业技术的，都是一种解释行为，必然需要承担伦理责任并遵守政治承诺。

虽然我想干预的重点是当今美国的工具主义情形，实际可适用于全球范围。接下来我论证观点的材料涉及不同语言和文化，包括阿拉伯语、丹麦语、法语、意大利语、德语、希腊语、韩语、拉丁语和西班牙语。此外，我的观点具有历史意义。工具模型最初出现在古罗马作家中，尤其是西塞罗①与昆体良（Quintilian）这样的演说家兼修辞家，并由哲罗姆（Jerome）给出了一个极

---

① 马尔库斯·图利乌斯·西塞罗（Marcus Tullius Cicero，公元前106年—公元前43年），古罗马著名政治家、哲学家、演说家和法学家，也是西方翻译史上第一位理论家。

具影响力的表述；解释学模型首先出现在德国浪漫主义诗人、评论家和翻译家中，如歌德和施莱格尔兄弟，由施莱尔马赫（Friedrich Schleiermacher）进行哲学检验，随后尽管总是冒着重新引入工具主义的风险，但20世纪的思想家海德格尔和德里达以及翻译理论家安托瓦纳·贝尔曼①仍对其进行了改订。[12] 我所做的研究一方面承认当前的这些谱系，另一方面强调了后来的转变与结果，这具有战略意义，且兼具理论和实践性：既有文艺复兴时期的人文主义者，也有当代的比较文学学者；既有结构主义理论家，也有后结构主义理论家；既有翻译研究者，也有翻译教师；既有诗人和诗歌翻译家，也有电影评论家和字幕工作者。

方法

接下来，我会阐明一些深入人心的假设，它们让翻译理论、评论和实践的具体实例成为可能，这些假设不仅揭露和质疑了工具主义的各种历史文化观点，也揭露和质疑了工具主义有预先制止解释学模型并与其发生冲突的企图。为了进行批判性分析，我在翻译研究领域采用了米歇尔·福柯称为"考古学"②[13]的方法。

福柯考古学的目的是阐明特定历史时期特定文化的"认识论"，"不论是直

---

① 安托瓦纳·贝尔曼（Antoine Berman，1942—1991），当代法国著名的理论家，拉美文学及德国哲学的翻译家，以其一贯的哲学立场而闻名译学界。他提倡异化翻译，和通过"直译"的翻译策略来实现异化翻译，保持文化的异域特征。其代表作《异域的考验》对韦努蒂也有很大的影响，正是韦努蒂于2000年把贝尔曼的论文《异域的考验》翻译为英语，使之在英语译界广为人知。

② "考古学"方法是指福柯采用旧词新用的方式，改造了考古学的含义，他的考古学不再是地质学意义上的考古学，而是有关话语、知识与话语实践的考古学，要像挖掘考古学的遗物和遗迹一样呈现层层累积、错综复杂的话语与知识。

接在理论中表达,还是默默用于实践中,所有知识的可能性条件"都属于"认识论领域"。[14] 我所说的翻译功能的"模型"很像一种理论知识:是一种范式,由界定翻译是什么和做什么的参数与程序之间的基本关系组成,有生成能力,将各种不同的理论概念和实践策略投射到翻译中。福柯设想一个理论知识会引发一系列话语构型(discursive formation),如"自然史、经济学和古典时期的语法",这些构型构建了有关生物、财富和语言的知识领域。[15] 我所设想的模式不同之处在于它只关注翻译、塑造翻译理论、评论和实践这一个领域。尽管如此,此模式就像一种知识体系(episteme)①,建立了"构型规则"(rules of formation),支配着各领域和学科的翻译话语,包括语言学、现代语言、比较文学、哲学和翻译研究。[16]

因此,工具模式将翻译定义为"对原文本不变量的复制",由此产生了翻译理论家尤金·奈达的"等效"概念,即"接受者和信息之间的关系应该与原始接受者和信息之间的关系本质上相同"。[17] 等效是不变量,因为尽管语言文化和历史差异会区分出原文本和译文,也会区分出原语语境和译文语境,但它被认为是可以复制的。反过来,等效概念产生了"补偿策略"(the strategy of compensation),语言学家基思·哈维②将其定义为"通过用针对目标语言和/或目标文本的手段在目标文本中再现相似的效果,从而来弥补原文本丢失部分的方法"。补偿法是一种工具主义策略,因为它不仅认为原文本效果是不变量,还认为在不改变原文本带有的含义或影响力的情况下,其定位和言语"手段"在翻译中会被改变。尽管哈维指出"补偿法不一定是有条理地将单个原文本和目标文本效果一一对应",但他认为该策略可以补救或

---

① 知识体系(episteme),一译"知识型",出自福柯的作品,是指在某一特定时期作为知识被接受的基础和约束的一套思想和假设,通常是无意识的。

② 基思·哈维(Keith Harvey),语言学家,英国曼彻斯特大学翻译与跨文化研究中心翻译与跨文化研究教授,从事翻译研究、文学文体学、词典编纂和语言学等。

弥补"损失"。[19] 工具模型让等效理论和补偿法得以概念化,并用于译作的研究、生产与评估中。

相似的联系既出现在解释学模型中,也出现在具体的理论概念和实践策略中。该模型将翻译定义为改变原文本的解释行为,从而产生出中介的概念,即构成该文本的语言和文化差异在翻译中无法立即获得,但经过再次加工后在译语文化中是可以被理解并表达出来的。施莱尔马赫认为,译者不会复制或转移原文本本身,而是

> 试图向读者传递相同的形象[Bild],由于他了解作品的原语言,所以能获得同样的阅读印象[Eindrukk],从而将读者转换到自己的位置上,一个实际上对他来说陌生[fremde]的位置上。[20]

如果译作创造了一个对译者来说仍然"陌生"的"形象"和"印象",译者之后将这些"形象"和"印象"用所有的陌生信息传达给他的读者,那么译文引起的读者反应就会与原文读者的反应截然不同——也就是说,即使原语言不是自己的母语,对这些读者来说也不会感觉很陌生。等效理论已经被排除了。中介的概念反过来又产生出了一种策略,旨在通过翻译语言来记录或表明原文本的异质性(foreignness),尽管这种策略是间接的。对施莱尔马赫来说,该策略不仅坚持了原文本的"情节转折和人物形象"[Wendungen,转折]、惯用手法和修辞特点;还发展出了一种"脱离日常"[alltäglich,日常]的风格,无论原文本使用何种语言,都使用非标准或非口语化的语言义项。[21] 在翻译过程中,原文本和译入语都不可避免地会发生变化。

虽然我这里列举的例子看似是一对一或有排他性,但模型、理论和策略之间的联系不应被误解。尽管在知识型层面存在某种一致性,但正如福柯所指出的,"知识体系不是一个静止的形象",而是"一系列不断变化的衔接、转变和

巧合，它们被建立起来，结果却引发了其他衔接、转变和巧合"[22]。一种翻译模型可以产生出不同的理论概念，这些概念则借助各种实践策略成为现实。以翻译方法中词对词（word-for-word）和义对义（sense-for-sense）的二分法为例：它阐述了两个完全不同的对等概念，且都依赖于工具模型。词对词的译法认为形式不变，比如句法或语序，是一种紧贴原文本的翻译策略；而义对义的译法认为语义不变，在保证根本含义不变的基础上突出核心内容，而不是强调单个词汇及其句法结构。

这种二分法起源于古代，后来以不同的但一样是工具主义的术语重新表述。例如，在近代早期，约翰·德莱顿①将其扩展为三类区别②："词译，也就是逐字逐行地将作者的文本从一种语言转换为另一种语言"；"释译"，是指"并没有严格遵循作者的意思将其说的话表达出来，而是将其放大，但没有改变其含义"；"拟译"，一个诗人选择另一个不同语言的诗人，"并不是为了翻译这个诗人的内容，或局限于他表达的意义，而仅把他看作父辈，按照他的想法来写作，假设他如果生活在我们的**时代**、我们的**国家**，他会怎么写"[23]。虽然德莱顿一定注意到了这种偏离，但仍假设每种策略都复制或转移了原文本的不变量。显然，他没有发现任何值得怀疑的地方，他断言释译产生时，原文本的意思可以"被放大，但不能被改变"。拟译似乎是一种根本性的变革，是一种适应接受语境（receiving situation）的做法，而不像是翻译。然而，对于德莱顿来说，尤其当拟译者的诗意（poetic sensibility）与外国作者的

---

① 约翰·德莱顿（John Dryden，1631—1700），英国古典主义流派的创始人，复辟王朝的桂冠诗人，17世纪最伟大的翻译家，主要译作有维吉尔的《埃涅阿斯纪》、普鲁塔克的《名人传》。

② 德莱顿把翻译分为三类：词译（metaphrase）、释译（paraphrase）、拟译（imitation）。德莱顿认为本·琼生（Ben Jonson，1572—1637）翻译贺拉斯的《诗艺》用的是典型的词译，并批评乔治·桑迪斯（George Sandys，1578—1644）把这种词译推向极端，认为桑迪斯拘泥于对原作字面的忠实，因而译作毫无诗意。

风格相匹配时，拟译就能表达出原文本的独特风格。因此，仅仅因为亚伯拉罕·考利（Abraham Cowley）是"如此高尚和无拘无束的天才"，他模仿品达（Pindar）的诸多颂诗才能表现出"一个如此狂野又难以驾驭的**诗人**"[24]。在拟译中，两个相互关联的不变量似乎会受到威胁，一个是形式（风格），另一个是主题（作者的情感）。

矛盾

话语构型也是"多元纠纷的空间"，福柯将其描述为基于同一知识型的"内在对立"或"矛盾"（因此是"内在的"或"从考古中**衍生的**"）[25]。这些矛盾包括"对象不足""概念不兼容"或"理论选择的排他性"[26]。同理，翻译模型可以生成理论概念，这些概念显示出它们之间的差异，以便构建不同的知识对象。

词对词与义对义的工具主义二分法，将形式和语义不变量定位在词汇、短语或句子的层次上，认为译者无须严格解释就能立刻理解形式和意义。相比之下，语言学家巴兹尔·哈蒂姆[①]和伊恩·梅森[②]认为译者的任务是"将这些词汇层面和文本层面的意义拼凑在一起，形成一个整体的文本策略"，并且为此，他们使用从系统功能语言学和语用学中提取的一系列详细的类别来分析原文本和译文，他们称之为"文本性的基本标准"（basic standards of textuality），包括衔接、暗示、礼貌、语域和及物性。[③][27] 此处，这一模型也是工具主义的，原

---

① 巴兹尔·哈蒂姆（Basil Hatim），阿联酋沙迦美国大学翻译语言学教授，英语、阿拉伯语翻译理论家、翻译家，主要研究应用语言学、文本语言学、翻译等方面。
② 伊恩·梅森（Ian Mason），英国赫瑞-瓦特大学语言与跨文化研究学院教授。
③ 这是巴兹尔·哈蒂姆和伊恩·梅森二人在《作为交际者的译者》（1997）一书中提到的观点。

文本被认为包含不变特征,但要获取它们,译者不再仅仅使用单词、短语或句子。现在,不变量就包括了语言和文本范畴,它们作为解释工具来表述含义。与古老的二分法相比,哈蒂姆和梅森以语言学为导向的话语完全改变了翻译文本打算复制或转移的内容。

福柯承认可能存在"外部**矛盾**,它们反映了话语构型之间的对立",其中每一种矛盾都基于不同的知识体系(因此矛盾是"外部的"),形成了不同的理论概念,界定了不同的知识领域。[28] 在他提供的例子中,"林奈的固定论(Linnaeus's fixism)与达尔文的进化论相矛盾",因为前者源自古典知识体系,该理论支持分类学表征的同一性和差异性,而后者源自动态功能系统的"现代"知识体系。[29] 因此,外部矛盾指向认识论的"断裂"或"破裂",这些变化揭示了一个新知识体系的出现,并要求考古学家"在众多不同的变化、类推和差异、等级、互补、巧合和转变之间建立起来:简而言之,就是描述不连续性本身的分散"[30]。

翻译话语的考古学可以在个别文本中找到这些不连续性。虽然大多数关于翻译的论述基本上属于工具主义或解释学,但有一种特定的论述能够同时建立在两种模型之上,因此对理论概念和实践策略的解释揭示了它们在认识论层面的不连续性。由一种模型创造的翻译理论作品或评论作品可能会揭露这种可能性:翻译可以被另一种相对的模型所理解,然而,该作品可能会压制这种可能性,或对这种可能性置之不理。

当哈蒂姆和梅森描述他们的交流方式时,这种不连续性就会出现。因此,他们断言:"译者试图向目标读者传达文本生产者(text producer)已经传达的内容,并在文本中以不同程度的明确性呈现出来。"[31] "传递"(relay)这个词,显然是一种工具主义的用法:一个来自信息和通信技术的隐喻,意思是翻译就像电子信号的传输一样,毫无变化地传达原文本的含义("文本制作者已经传达的意思")。然而,如果原文本的含义具有"不同程度的明确性",译者不会直接接受它,而是必须采取一种解释行为,在推断隐含意义的同时确定其明确或隐含的程度。译者在不同的时间和地点可能会以不同的方式解释原文本,从而产生不同的译文。哈蒂姆和梅森对翻译的定义似乎是一致的:"翻译是一种试图跨越文化和语言边界,传递另一种交流行为(可能是为了不同的目的和不同的读者/听众)的交流行为。"[32] "传递"一词再次揭示了他们对工具模型的假设,但括号中的插入语瞬间颠覆了这一假设:如果翻译服务于不同目的,针对不同受众,无论是在翻译产生时还是在接受翻译时,原文本形式和意义的变化都是不可避免的。哈蒂姆和梅森在他们的翻译叙述中既没有阐明也没有解决这种不连续性。

同样,解释学模型在理论陈述中也会遇到矛盾,特别是当它与分析具体译文相结合时。在这些情况下,工具主义的评论可能会意想不到地偏离解释本身,似乎只要翻译存在,就足以说明原文本不变的假设。安德烈·勒菲弗尔(André Lefevere)是一位专门研究日耳曼语和比较文学的翻译理论家,他把翻译视为跨越两种不同文化"系统"的"折射",在这两种不同的文化"系统"中,原文和译文是在完全不同的或可能不同的"赞助人"和"诗学"的"约束"下产生的,因此,翻译代表了两种系统的"主导约束"之间的"妥协"。[33] 勒菲弗尔的系统方法采用解释学模型,因为他将"折射"定义为一种能够调解先前文本的文本或实践。这一范畴除了翻译,还包括选集编辑、文学批评和历史、教学以及戏剧制作。他断言:"如果你愿意,你就可以在某种背景下理解和构思作家及其作品,或者通过某种光谱折射出作家及其作品。"[34] 在这个光学比喻中,赞助人和诗学的棱镜将先前文本的白光转化为连续的彩色光。

但是,这个比喻是有问题的:根据解释学模型,只有颜色是可见的,而处于原始状态的白光不可见。可以肯定的是,如勒菲弗尔论述所展示,任何建议都与工具主义的概念相矛盾,前者认为文本总是可以调解的,后者认为是可以直接获取。因此,就在我上面引用的最后一句话之前,他指出:"作家的作品获得曝光和影响主要是通过'误会和误解',或者用一个更中性的术语'折射'",因此,他将折射归结为错误,即无法理解出错的文本不变量。[35] 在整篇文章更广泛的背景下,"误会和误解"头上的引号与其说是试图质疑这些负面术语,不如说是一种迹象,表明勒菲弗尔的折射概念不适合建立在相互冲突的翻译模型上。这些术语实际上预示了他对自己后来检视的翻译提出了工具主义谴责,即布莱希特的《大胆妈妈和她的孩子们》[①]最早的两个英文版本,译者是海思(H. R. Hays, 1941)和埃里克·本特利(Eric Bentley, 1955)。

在勒菲弗尔看来,主要问题在于译者们努力"将布莱希特直率的措辞运用到百老汇舞台的诗学中",尤其是音乐剧中。[36] 他多次尖锐地批评了这两个译本,并以此来说明这个"问题":他引用了"押韵的需要","用过度押韵填充后,与原文格格不入,太过具体";"布莱希特的痕迹所剩无几,但百老汇里经常出现的对季节和悲伤的回忆肯定是必不可少的";戏剧结构和舞台指导"是布莱希特诗学的另外两个特征,它们不容易从一个系统转移到另一个系统";"在明显缺乏情感的地方加上一点情感"。[37] 勒菲弗尔分析翻译时自然地转入了工具主义,他认为布莱希特的戏剧不仅包含形式和语义不变量,而且它们可以在翻译中复制或转移,因此任何删掉或减少它们的翻译都应该是错误的。

当勒菲弗尔考虑到"布莱希特可以被用于与他自己诗学截然相反的戏剧中,就像在生活剧院[②]的《安提戈涅》[③]一样"[38]时,他暂时回到了解释学模型。现代

---

① 贝托尔特·布莱希特(Bertolt Brecht, 1898—1956),德国剧作家、戏剧理论家、导演、诗人。《大胆妈妈和她的孩子们》(*Mother Courage and Her Children*)是布莱希特于1939年创作的剧本,1941年在瑞士首演,是著名的反战戏剧。

② 生活剧院(The Living Theatre),由朱迪斯·玛丽娜(Judith Malina, 1926—2015)与朱利安·贝克(Julian Beck, 1925—1985)创建于美国纽约。生活剧院建立于1951年,但作为一个激进的演剧流派,却形成于50年代末、60年代初。

③ 《安提戈涅》(*Antigone*, 1948)是一部由布莱希特改编的索福克勒斯戏剧,曾在耶鲁大学上演。

实验主义以安托南·阿尔托①的无政府主义思想为基础，鉴于"生活剧场"致力于现代实验主义，他们的作品反映了一种上层社会的文化干预，也说明勒菲弗尔认为百老汇音乐剧等流行形式是追求势利的表现，他对此表示反感。[39] 如果作为折射，翻译（或戏剧作品）是一种解释行为，不可避免地转换了原文本，那么勒菲弗尔不应该因为未能复制布莱希特的戏剧而贬低英语翻译中的百老汇诗学。他更应该考虑音乐流派如何觉察出德语文本含义中的细微差别，以及该文本如何反过来暴露出该流派中可能不会被觉察到的表达潜力。换句话说，他应该探索由翻译所构建的解释角度，意识到自己的解释本身就是在制度和文化背景下产生的一种理解，他自己承认，这种背景不支持研究诸如翻译这样的折射现象。

认识论的无意识性

我所引用的多个例子表明，尽管翻译模型对塑造理论概念和实践策略有决定性作用，但它并不是理论家、评论员或译者有意选择或实行的。该模型就像福柯式的知识体系一样，相当于"知识的**积极无意识（a positive unconscious of knowledge）**：该层次回避了科学家意识，但又是科学论述的一部分"。[40] 因此，必须从概念和策略、研究项目和评论、翻译问题的表述及其解决方案中推断出翻译模型。没有一个模型能像我在这里试图给出的那样详细或精确，因为它其实一直存在，只不过人们从未考虑过它。此外，今天的翻译催生了各种各样的反智主义②，这类主义抵制在认识论背景下对理论与实践进行彻底的批判。[41] 译

---

① 安托南·阿尔托（Antonin Artaud, 1896—1948），法国戏剧理论家、演员、诗人，法国反戏剧理论的创始人。

② 反智主义（anti-intellectualism），广义上来讲，是在基于清晰立场和不同思维的基础上，不同阶层或人群中产生的分歧与矛盾的产物，它是对矛盾、对分歧的总结，对大众的思想做出的思考。狭义上来讲，在有知识理论和权威界定的基础上，反智主义即是悖逆真理，违背正义。

者，尤其是文学类的译者，采取了一种侧重于印象主义和直觉主义的纯文学态度，很少清晰表达他们作品中的概念或解释。学者们屈从于学科专业化，将其翻译思维局限在狭隘的主题和方法上，保持当前的正统观念，无视来自边缘或源于其他学科的话语批评。

尽管如此，除了不连续性或矛盾，术语和隐喻也会暴露关于翻译的基础模型。尤其是工具模型，积累了一系列修辞语步（rhetorical moves）。对**保留**或**丢失**原文本特征的提及揭示了工具主义，因为它们暗示着这些特征是不变量，应该在翻译中复制或转移。无论是应用于解释还是翻译，对**真实性**或**准确性**的提及都展示了工具主义属性，因为这说明没有中介也能获取原文本不变量，然后将其作为确定错误或不准确性的标准。将翻译比喻为换衣服、画肖像、轮回、转世、变形等，暗示着原文本本质的完整传递。某些隐喻，特别是翻译与表演戏剧文本或乐谱之间的类比，显示出一种根本的不确定性，有时是工具性的，有时是解释性的。[42] 这些术语和隐喻经常被套用，从而导致相互矛盾的陈述。

例如，古典主义作家艾米莉·威尔逊①在一篇简介中讨论了她2017年翻译的荷马史诗《奥德赛》，她最初断言"所有的翻译都是解释"，这是她对那些批评她译文的学者的回应，他们说因为她的版本太过现代化，所以给人以熟悉的感觉。[43] 她的主张显然采用了解释学模型：它表明了一种信念，即翻译永远不能传达原文本本身，只能是对原文本的解释，而且这种解释可以随着翻译产生的历史时刻而变化。然而在结尾处，她突然提到希腊文本的固有"真理"，含蓄地反驳了这一观点：

"同样的台词有可能被翻译一百遍，而所有的台词都可以用完全不同

---

① 艾米莉·威尔逊（Emily Wilson），宾夕法尼亚大学古典研究学教授，拥有牛津大学古典文学学士学位和哲学硕士学位。《纽约时报》将威尔逊的翻译作品列为2018年100本著名书籍之一。

的方式站得住脚？这说明了一些道理。"但是，威尔逊语气坚决，毅然说道，"我想对我与希腊文本的关系负起责任。我要说，经过多次修改后：这是我所能得到的最好真相。"[44]

尽管威尔逊没有解释这100个"站得住脚"的版本可能会告诉读者的"东西"，但这似乎证实了她早先所说的翻译就是解释。尽管如此，如果同一首诗可以支持这么多译本，那么这个"真理"，一个单一明确的真理，怎么可能出现在原文本中？真理难道不会建立绝对标准来证明所有未体现或接近真理的翻译都是错误的，进而让它们站不住脚吗？无论威尔逊相信《奥德赛》的真理是什么，她都假设希腊文本中包含不变量，这就是她通过不断修订译文的"努力"所实现的目标。威尔逊显然没有意识到她的评论中有逻辑上的矛盾。怀亚特·梅森[①]也是如此，他本人也是一名文学翻译家，他撰写了这篇人物专题报道，并在结尾无意中强调了威尔逊的工具主义。

事实是，如果解释学模型把翻译理解为可变解释（variable interpretation），那么将任何对原文本的诉求作为具体译文的唯一理由就是不充分的。这种诉求的实质力量必须让位于翻译及其创作和接受条件之间建立的关系，即语言和文化条件、制度和社会条件。对于像《奥德赛》一样被多次重新翻译的文本，任何为另一个版本辩护的理由都应该把它与以前的解释和翻译区别开来，最终要考虑到它们在接受情况下的价值、信仰和社会表征层次结构中的地位。[45]这种根据文化权威或声望来排序的等级制度，对原文本中所记载的解释的可行性至关重要，因为它将告知读者的反应，而不管译者是否考虑到它。当然，这些反应会因个人因素和跨个人因素而异，但最重要的可能是重新翻译是否以及如何

---

① 怀亚特·梅森（Wyatt Mason），评论家、散文家和翻译家，《纽约时报》杂志特约撰稿人。

符合或如何挑战对原文本的主流解释。通过断言荷马文本就是真理的容器,威尔逊有效地压制了这些顾虑。

知识体系 vs. 翻译模型

如果把福柯的方法迁移到翻译研究,就会发现我和他的想法有诸多相似,但我也不想忽视那些明显的不同之处。我所设想的翻译模型,实际上与他对西方文化知识的考古学不同。福柯将知识体系大致分为三个时期:从16世纪到17世纪中期的相似性(文艺复兴时期),从17世纪中期到18世纪末的概括性(古典时期),以及从19世纪到20世纪中期的功能系统(现代时期)。翻译模型具有时间性(temporality),它既与福柯的历史划分相重叠,也与之背道而驰。工具主义可以在从古代到现在的译文表述中被人们理解,虽然在福柯指出的那段时期,这些译文揭示了同时存在的知识体系。解释学模型出现于18世纪末和19世纪初,有关翻译的说明一直持续到现在,反映了现代知识体系(modern episteme),突出了使知识成为可能和约束知识的条件。不同的时间性表明,虽然翻译模型可以在知识所界定的概念参数范围内发挥作用,但翻译模型和知识体系是不同的范畴,它们之间没有必然的联系,并遵循不同的发展轨迹。事实上,翻译模型似乎暴露了福柯知识体系的局限性,即在话语构型的有意识工作之下,至少在决定翻译知识和实践的话语之下,指向另一个认识论层面的盲点。

为了阐明这种特殊的脱节,则需要考虑一个在工具主义描述中跨越数千年且反复出现的隐喻。罗马评论家把衣服和语言作为思想的载体进行了类比,到了16世纪,这一类比也用在了翻译上:假定语义不变量作为原文本的主体,译者站在接受角度用相应的语言穿上原文本的外衣。[46]乔治·查普曼[①]在1611年翻译的《伊利亚特》[②]的序言中就利用了这个隐喻,他说:"所有通情明辨的"译者都避免逐字对等,而是把原文本的"句子"作为翻译的单位,关注句义或其所代表的"物质事物",并选择"合适的"翻译语言来"装饰打扮它们":

> 每个通情明辨的译者的职责不是遵循单词的数量和顺序,而是遵循事物本身,潜心斟酌每个句子,用文字和最适合他们转换成演说的风格形式来打扮装饰它们。[47]

查普曼的论述沉浸在西塞罗和昆体良等古代评论家的工具主义论中。在讨论意义和语言之间的关系时,他们区分了 res(事物)和 verba(词),建议在翻译中进行意义对等来训练演说家,并将他们的方法与语法学家强调的逐字翻译进行对比。[48] 因此,查普曼将翻译称为"演说",一种修辞表演,他使用了拉丁语法,以及西塞罗在《论最优秀的演说家》(*De optimo genere oratorum*,公元前46年)里使用的译介,他称翻译者为"解释员"(interpreter,西塞罗的术语是 interpres),并将翻译描述为原文本"转换"(convert,西塞罗使用 converti)到翻译语言的过程。[49]

然而,除了分享他古老权威的工具主义之外,查普曼对翻译的隐喻性解释也可以说是受到文艺复兴时期相似知识体系的支配。他设想有一条完整的类比链(chain of similitudes),从原文本的"物质事物"延伸到表达这些"事物"的原语"句子",再到译语"词汇",这些词汇有自己的风格和形式,能"打扮"

[①] 乔治·查普曼(George Chapman,1559—1634),英国戏剧家、诗人,翻译了荷马的《伊利亚特》和《奥德赛》。

[②] 《伊利亚特》(*Iliad*),《荷马史诗》之一,主要内容是叙述希腊人远征特洛伊城的故事。它通过对特洛伊战争的描写,歌颂英勇善战、维护集体利益、为集体建立功勋的英雄。

并"装饰"原文本的"事物"和"句子"。apt 这个词不仅明确了原语和译语的对应关系,而且作为双关语延续了穿衣服的隐喻:它表明语言既"合身"又"得体",就像衣服一样。[50]

多义代词(polysemous pronouns)加深了类比链。them 可以包含"物质"和"句子",they 可以表示原文本("物质"和"句子")的特征,也可以表示译文("词语""风格"和"形式")的特征。因此,查普曼断言的复杂句法,构造了三个翻译过程的重要意义,这些过程互相映照:一个过程位于原文本内("物质事物"被"转换"为"句子",即"最适合"这些"事物"的"语言");另一个过程是在翻译本身中展开的(译者选择"最适合"翻译的"语言"或其功能被转换成有效的"词语和风格形式")[51];而在原文与译文之间又发生了另一个过程("物质事物"及其"句子"被"转换"为最适合它们的翻译"语言")。在文艺复兴时期知识体系的支持下,福柯指出,"事物的本质,它们的共存,它们联系在一起和交流的方式,都是它们的相通之处",由此,"符号和类比以无尽的螺旋状相互缠绕"。[52]通过生产特定时期的表述,相似性(resemblance)实际上将查普曼关于翻译的工具主义话语历史化了。

然而,工具主义早在文艺复兴之前就产生了,并在文艺复兴之后继续存在,展示了不断变化的认识论活动。传统的表征知识体系对翻译的服装隐喻进行了重要的重新定义。亚历山大·弗雷泽·泰特勒(Alexander Fraser Tytler)的论著《论翻译的原则》(*Essay on the Principles of Translation*)于 1791 年出版,该作积累了 17 和 18 世纪的传统主题概略。泰特勒在书中指出,"好的译者必须能够立即发现作者风格的真实特点",并解释道:"如果译者没有这种洞察力,但又需要这种能力让他彻底领悟作者的意思,他就会用一个畸变介质(distorting medium)呈现自己,也即穿上与他性格不相称的衣服。"[53]

原文本的"风格"构成了一种形式不变量,译者无须加入任何解释性劳动(interpretive labor)就可以直接将其"辨别"。这样一来,翻译是成了一种

"媒介",可以清楚地"呈现"这个不变量,没有任何"扭曲"障碍,所以在使用服装隐喻时,泰特勒假设翻译语言的"外衣"实际上是隐形的,除非译者未能复制风格或将其转移。这种语言和翻译的概念反映了传统知识体系,福柯在此处指出,"能指元素除了它所代表的东西之外,没有任何内容、功能和规定:它完全听从安排,完全透明"。[54]

在沃尔特·本雅明(Walter Benjamin)创作于1923年的文章《译者的任务》(The Translator's Task)中,衣服的类比同样体现了工具主义,尽管此处知识体系不仅支持着本雅明的论述,而且将其话语复杂化。福柯指出,功能系统的现代知识体系将单个单词视为"语法整体与单词相比,语法整体是首要的、基本的和决定性的",这导致了"印欧语言的孤立,比较语法的构成,屈折词缀的研究,元音变化和辅音变化规律的形成。简而言之,就是格林[①]、施莱格尔[②]、拉斯克[③]和葆朴[④]完成的全部语文学著作"[55]。19世纪语文学产生的同一个知识体系,奠定了本雅明的主张,即"语言的亲属关系在翻译中尽显自身",但他将这个系统观与弥赛亚神学[⑤]联系起来,因此任何"历史亲属关系"都变成了"超历史的"和末世论的。[56]在本雅明的描述中,构成语言的词汇和句法差异使它们"相互排斥",但它们"在意图上相互补充",以"表示同一件

---

① 雅各布·格林(Jacob Grimm, 1785—1863),德国语言学家、法学家和神话学家。他最著名的身份是民间传说或童话的记录者,是格林兄弟之一。

② 奥古斯特·威廉·冯·施莱格尔(August Wilhelm von Schlegel, 1767—1845),德国学者、批评家、翻译家、语言学家,浪漫主义文学奠基人之一。

③ 拉斯穆斯·拉斯克(Rasmus Rask, 1787—1832),丹麦语言学家,比较语言学的主要创始人之一。

④ 葆朴(Franz Bopp, 1791—1867),德国语言学家,他确立了梵语在印欧语言比较研究中的重要性。

⑤ 弥赛亚神学(messianic theology)是一种宗教和政治思想,根植于犹太教的信仰体系中。它涉及对一个未来的救世主——弥赛亚的信仰和期待,弥赛亚被认为是上帝派遣的救世主,将来到世界并带来正义、和平和拯救。

事"，因此，译者对原文本的研究表明了"它们互补意图的总和：纯语言（pure language）"。然而，只有当"它们到达自己历史的弥赛亚终结"时，这种语言才会完全显露出来。[57]

本雅明特有的工具主义表现了现代知识体系的历史倾向，但最终却与其背道而驰。他把"语言及其作品的内在生命"想象为"最有力、最富有成果的历史进程之一"，他质疑"传统翻译理论"，特别是"尽可能准确传达原文的形式和意义"的想法；他认为，语言的发展确保了"译者的母语也发生了转变，正如伟大文学作品的基调和意义历经几个世纪后彻底转变一样"[58]。然而，这些转变无论如何都不能证明本雅明坚持的观点，即译者面对的是一些不变量。原文本包含他所谓的"消息""信息""内容"或"意义"（Mitteilung、Aussage、Inhalt、Sinn），这是一种语义不变量，可以屈服于翻译中的"传递""交流"或"复制"，但他认为"无关紧要"，因此将其贬低为"不真实的"。[59] 原文本还包含一种形式不变量，即"书面语"和"内容"的"统一"，本雅明将这种有机的"关系"比作"水果和果皮"并描述为"不可译的"。[60] 最重要的不变量是纯语言，它并不存在于原文本或译文的形式和语义特征中，而是超越了它们，因此是不可译的，就像"皇家披风"[61] 的比喻一样。本雅明的工具主义论述非常清楚地表明，可译性或不可译性的说法需要假设一个不变量：

> 人们可以从译文中任意提取希望传达的信息，而这些信息是可译的；但真正的译者努力指向的元素仍遥不可及。它和原作的书面语一样，是不可译的，因为原作的内容和语言的关系与译文中的完全不同。如果在原文中，内容和语言构成了某种统一，就像水果和果皮之间的统一，那么译文的语言就像皇家披风宽大的褶皱一样包裹着它的内容。因为翻译意味着一种比它本身更高级的语言，因此，就其自身的内容而言仍然是不充分的、暴力的和陌生的。[62]

本雅明使用"宽大的褶皱"一语，表明翻译语言可以同时表示两个不变量，即使是不同的和不太完美的。译文中包含的"信息"或"内容"来自原文本的可译部分，这是大多数译者试图保持对应的语义不变量。然而，"更高级的语言"或纯语言，即"真正的"译者所寻求的不变量，使译文内容变得"不充分、暴力和陌生"，因为纯语言只有通过严格遵守原文本的"句法"，通过"逐字翻译"才能被感知，这"完全阻碍了意义的再现，并有直接导致无法理解的危险"[63]。这个类比把纯语言比作国王的身体，尽管本雅明赋予了这个概念弥赛亚主义，但王权只能是神圣的。就像皇家披风的宽大褶皱象征着国王神圣的权威一样，翻译语言的"字面意义"导致了一种松散或不精确的意义，因为它象征着"真正的语言"，"真理"被描述为相当于《圣经》里无中介的"神启"[64]①。

因此，语言作为一种物质媒介，被本雅明的工具主义引发了其神秘超验性，这一范畴正是由现代知识体系支持的语文学工作的中心。"真正的翻译，"他断言，"是透明的"，就像《圣经》的"隔行对照版"一样，"文本即刻属于真理或教义，无须解释充当中介"[65]。在阐述这一观点时，本雅明压制了支持他自己对语言理论推测的概念支架（conceptual scaffolding），这种框架被描述为"康德式'神秘主义'②、早期浪漫主义（施莱格尔和诺瓦利斯③）、荷尔德林④

---

① 神启（Revelation，德语为 Offenbarung），原意是"揭开面纱""揭开幕布"。在《圣经》中是指上帝向人揭示属于神圣领域的、人所未知的事，主要是向人类启示他自己及其救恩的奥秘。

② 康德关于绝对不可知真理的假设开创了神秘主义哲学先河，对 19 世纪通称为"唯心主义者"的德国哲学后继者很有吸引力，但它与当时强调科学的实证性相忤。

③ 诺瓦利斯（Novalis，1772—1801），早期德国浪漫主义诗人和理论家，对后来的浪漫主义思想产生了重大影响。

④ 弗里德里希·荷尔德林（Friedrich Hölderlin，1770—1843），德国著名诗人，代表作有《自由颂歌》《人类颂歌》等。

的诗歌、哈曼①的格言和卡巴拉②"66。然而毫无疑问,纯语言,无论是由译者发表的还是由读者感受到的,都需要一种解释行为,可以通过翻译铭写一套经典的神学概念。

在这场驱使我论辩的话语中,现代知识体系先是产生了施莱尔马赫等浪漫主义思想家有关翻译的解释学模型,后来被符号学和后结构主义所修改,纳入了语言、文本性与解释的概念,这标志着向后现代主义知识体系的转变。这种混合不太稳定,但可以接受批判性检验,即在翻译的不同说明中找出工具主义的假设,将这两种相互竞争的模型引入意识中,同时留下其他理论概念和实践策略中未经探索或根本没有想到的可能性。在质疑关于翻译的工具主义思想时,考虑到我自己论述的局限性,我要避免恢复任何本质主义。因此,我的普遍主义主张,即所有的翻译都是一种解释行为,解释学模型提供了对翻译最全面和最深刻的理解——这些主张必须通过承认它们的实际偶然性来抵消:为了进行干预,他们从当代翻译理论和评论的现状出发,在这种情况下,工具模型占据主导地位,从而边缘化了解释学方法。福柯描述了我所追求的那种评论:

  其设计是谱系学的,方法是考古学的。之所以是考古学的,不是先验的,是因为它不会设法确定所有知识或所有可能的道德行为的通用结构,而是设法把阐明我们所想、所说和所做的会话实例视为众多的历史事件。这种评论是谱系性的,因为它不会从我们之所是的形式中推断出我们不可能去做和不可能知道的事情;但它会从成就我们现在的偶然性中分离出一种可能性,即不再是我们所是的、不再做我们所做的或不再思考我们所思考的。67

---

  ① 约翰·格奥尔格·哈曼(Johann Georg Hamann,1730—1788),18世纪欧洲最具影响力的哲学家之一,被歌德称为"那个时代最聪明的头脑"。
  ② 卡巴拉(Kabbalah),是在犹太教内部发展起来的一整套神秘主义学说,用来解释永恒而神秘的造物主与短暂而有限的宇宙之间的关系。

制度性场所：专业翻译

　　带有上述目的的评论需要对机构进行审查，在这一过程中，话语发挥了建构身份、知识和行为的作用。就我的方案而言，关键的制度性场所，也就是创作和传播译文的地方，包含了受翻译模型支配的话语形式和实践。我想问的是，翻译不仅要由译者和出版商理解和评估，还要由那些在研究和教学中使用翻译或研究以及教授翻译的学者理解和评估，那么，工具模型是如何影响这种方式的？翻译是一种解释行为，这一观念是如何被这些代理人表达或压制的？为了介绍这一研究方法并说明它如何在接下来的章节中进行，我打算讨论三种机构设置：文学翻译职业，包括它与出版业的联系；现代语言与文学学科；翻译学（translation studies），这是学院中一个新兴的跨学科领域，包括翻译研究（translation research）和译者培训。

　　马克·波里佐提（Mark Polizzotti）不仅是自由职业文学译者的代表，也是出版社翻译编辑的代表。自 20 世纪 80 年代初以来，他产出了五十多部法语作品的英译本，包括小说和纪实作品，其中主要是小说和艺术评论。他的作品被很多出版社发行，包括大型商业集团（霍顿·米夫林出版集团、企鹅出版集团）、中小型公司（群岛、城市之光、道尔基档案出版社、新方向、新新出版社、他者出版社、符号文本杂志社）和大学出版社（明尼苏达大学、内布拉斯加大学、耶鲁大学）。与此同时，波里佐提为几家贸易出版公司担任内部编辑，如兰登书屋（1983—1985）、葛罗夫·威登费尔（1985—1990）和大卫·戈丁（1993—1999），还在那里获得了翻译权，编辑译文。最近，他负责监督波士顿美术博物馆（1999—2010）和纽约大都会艺术博物馆（自 2010 年起）的出版项目，并编辑和翻译展览目录材料。[68] 他还是"法国之声"评选委员会的成员，"法国之声"是由法美文化交流中心和法国大使馆管理的项目，旨在为支持法语文本英译本的出版界提供资助。[69]自2011年以来,他在各种散文和采访中表达了他对翻译的看法,随后将其写成了一本书作为"翻译宣言"(translation manifesto),名为《同情叛徒》(*Sympathy for the Traitor*,2018)[①]。

  波里佐提没有提供一个连贯的、有深入研究证实的翻译说明,而是通过一系列夸张、隐喻和陈旧的方法表达基本上无法解释的主张。他坚称,自己提出的是"一种'反理论'(antitheory),或者可能只是一种常识法",这导致他在理论和实践之间无法划清界限,这不仅是幼稚的也是绝对反智的:"没有任何理论或教条",他在一开始就指出,"可以取代译者的工作,即按照文本特征来处理它以及制定适当的策略"[70]。他似乎完全没有意识到,除了根据有关写作和翻译的理论假设,还有根据语言和文化差异之外,没有任何翻译策略可以制定,又或者他完全没有意识到自己的实践取向可以被描述为教条主义。不出所料,他的宣言充满了矛盾,展示了工具模式如何切断译者和出版社的翻译思维。

  在某些方面,波里佐提似乎确实采用了解释学模型。他认为"不要将原文本视为一个明确的、统一的、永远无法充分复制的整体,而是将其视为一个能量区,它总是在不断变化,无休止地倾向于不同的同化和解释"[71]。这种说法避免了原文本的本质主义概念("一个明确统一的整体"也是不可译的),并含蓄地将翻译视为一种可变的解释。然而,相反的说法开始大量涌现,工具模型很快成为首要假设。尽管波里佐提承认许多读者的"理念",即"阅读译文里的作者根本不是**真正地**阅读他",他辩称,"如果翻译做得好,我们就会读到作者想要我们读的精髓"。[72]在这里,他假设了一种包含在原文本中的形而上学

---

  ① 在《同情叛徒》一书中,波里佐提避开了简单的两极分化和翻译理论日益抽象的话语,把主要问题带到了更清晰的焦点上:翻译的最终目的是什么?贴上"忠实"的标签是什么意思?忠于什么?在翻译中,有些东西是不可避免地会失去的吗?有些东西是可以得到的吗?翻译重要吗?如果重要,理由是什么?

的"本质",一种实现作者意图的不变量,可以在翻译中完全复制或转移。

对于波里佐提来说,即使在译者修改原文本时,不变量也会以某种方式保持不变。"巧妙的重组,"他相信,"会让你更接近作者想要的效果,而不是保持近距离平行"。[73] 他谈到"充分领会每一个细微之处,猜测作者要去往何处",同时"不断地审问文本,试图理解它背后的东西,并在必要时进行调整"。[74] 如果翻译包括"不断地审问"原文本,以此来发现"作者去往何处",那么,出现的状况就比译者"充分领会"要多得多。作者的意图似乎是模棱两可的,所以译者必须通过对原文的解读来推断它,然后通过调控(调整)使译文与该解释相一致。然而,波里佐提认为这等同于作者的意图。他的工具主义使这个复杂的调解过程变得隐形,这让他误以为他的译文和他翻译的原文本之间没有实质的区别。

每当波里佐提试图解释译者在原文中所做的解释时,他的宣言是最无力的。他引用了超现实主义者保罗·艾吕雅①1930年模仿精神病理学语言的一段话,并将之与其他两个英文版本并置,一个是1965年理查德·霍华德②的版本,它在会话语体中使用当今的标准英语,另一个是1932年塞缪尔·贝克特③的版本,它在更正式的语域中使用早期现代代词。波里佐提略带嘲讽地称赞霍华德的版本,称其为"一个相当诙谐的演绎,就好像加里·格兰特④正在阅读艾吕

---

① 保罗·艾吕雅(Paul Éluard, 1895—1952),法国当代杰出诗人。一生写诗和战斗,参加达达运动和超现实主义运动,以及反法西斯斗争。出版诗集数十种,主要有《痛苦的都城》《不死之死》。

② 理查德·霍华德(Richard Howard, 1929—2022),美国诗人、评论家和翻译家,在向英语读者介绍现代法国诗歌和实验小说方面颇有影响力,其诗歌《无题主题》(1969)于1970年获得普利策诗歌奖。

③ 塞缪尔·贝克特(Samuel Beckett, 1906—1989),爱尔兰作家,创作的领域主要有戏剧、小说和诗歌,尤以戏剧成就最高。他是荒诞派戏剧的重要代表人物。1969年,他因"以一种新的小说与戏剧的形式,以崇高的艺术表现人类的苦恼"而获得诺贝尔文学奖。

④ 加里·格兰特(Cary Grant, 1904—1986),美国电影演员。

雅",同时保留了他对贝克特的热情:"通过把1930年一个瘫痪的人的话语,转换成宫廷爱情抒情诗的传令用语(heraldic idiom),和霍华德相比,贝克特更能保留艾吕雅疯狂恳求的精髓,尽管霍华德实际上更接近于原文本的确切含义。"[75]

有趣的是,在每篇译文中,波里佐提都把正式的解释项与和体裁以及媒介相关的文体特征分离出来,这在体现含义上确实具有主题意义。但为什么贝克特的互文(用thou这样的古语表示"宫廷爱情诗")比霍华德的符际联系(像"我伟大又可爱的女孩"这样的短语让人想起好莱坞演员加里·格兰特)更受欢迎,这仍然值得怀疑。毕竟,像格兰特主演的霍华德·霍克斯(Howard Hawks)的《育婴奇谭》①这样的怪诞喜剧被描述为具有"超现实主义元素",因此演员的"解释"可能被视为适合翻译艾吕雅的文本。[76] 由于波里佐提的论述表现出强烈的工具主义观点,并关注"保留原文本的本质",所以,他忽略了有助于理解两个版本之间差异的问题,例如,他与自己对应历史时期的翻译实践的联系或者他与其他译者作品的联系;霍华德在贝克特之后重译法语文本,可能是想更胜一筹。波里佐提甚至没有提到译文的出版日期。因此,他无法对它们的影响作出启发性的解释,也无法为自己的评价提供有说服力的理由,因为他的评价似乎完全是武断的,仅根据个人偏好。我们不能说贝克特复制了"艾吕雅的疯狂恳求",而霍华德没有复制:这个说法正是波里佐提的解释;法语文本能够支持其他不同的解读。

每当波里佐提提出"如何评价一篇译文"的问题时,他都会反复提到"它有多令人信服",但这一特质从未得到定义。[77] 这意味着译者该如何不露痕迹地将他的解释融入原文中,或者如何有效地创造一种透明的假象,使译文能够

---

① 《育婴奇谭》(*Bringing Up Baby*),1938年在美国上映的喜剧片,该片讲述了笨拙的古生物学家大卫为他的博物馆集资,但富家女苏珊不断地使其计划落空,他们经过一系列误会后终于相爱的故事。

假扮原文，而事实上，翻译过程揭示了二者之间的显著差异。[78] 尽管波里佐提在出版业中拥有相当大的权力，接受了很多法语文本翻译的委托，编辑了各种译文，还能影响投资决策，但他无法（或者只是拒绝）提供令人信服的翻译简介来吸引和教育读者，相反，他选择了将自己的工作状态神秘化。

制度性场所：学院

迈克尔·J.麦格拉思（Michael J. McGrath）作为现代语言和文学领域的学术专家代表，负责评估和编辑他所在领域作品的英文译本。自2000年以来，麦格拉思一直担任佐治亚南方大学西班牙语研究教授，专门研究现代早期西班牙文学和文化。他出版了三部专著，包括《塞戈维亚的宗教庆典，1577—1697》（2002）和《塞戈维亚市的剧院和派对（18世纪和19世纪）》（2015）。他为曾在肯塔基大学任教的西班牙语言研究者约翰·杰·艾伦（2005）和爱德华·斯坦顿（2016）编辑了纪念文集，还专门为美国学生制作了注释版的西班牙语文本，比如卡尔德隆（2003，2013）和塞万提斯（2008）的作品。麦格拉思出版的大部分著作都是在语言文本（LinguaText）出版社出版的，这是一家小型出版社，由特拉华大学西班牙语学者汤姆·拉思罗普（Tom Lathrop）于1974年创立，主要出版外语教科书和相关资料。麦格拉思本人在语言文本出版社担任胡安·德拉库斯塔西班牙裔专著（Juan de la Cuesta Hispanic Monographs）的编辑，负责审校一系列英文译本，其中包括权威作家，如贝尼托·佩雷斯·加尔多斯（Benito Pérez Galdós）、拉蒙·马里亚·瓦莱（Ramón María Valle-Inclán）和米格尔·德利贝斯（Miguel Delibes）。这些译者和麦格拉思一样，都是西班牙文学和文化方面的学术专家。

无论麦格拉思的工作是做研究还是做编辑，也许他最引人注意的地方就是他的高度专业化，这不仅是由西班牙语决定，还由特定的历史时期、特定的文化主题和习俗，甚至由西班牙的一个特定城市决定。这些因素又进一步受到特定领域的同事、撰稿人、出版商和期刊的限制。面对种种限制条件，麦格拉思忍无可忍，在 2008 年为《美国塞万提斯协会简报》(Bulletin of the Cervantes Society of America)写了一篇文章，批评塞万提斯《堂吉诃德》的英译本效仿了 30 年前约翰·杰伊·艾伦的风格。[79] 麦格拉思研究了 1949 年至 2007 年间出版的 8 个版本，艾伦研究了 17 世纪至 20 世纪中期的 7 个版本。尽管两位学者都指出了翻译中的"错误""歪曲"和"损失"，但麦格拉思在学术领域感知方面比艾伦做得更好。麦格拉思不仅赋予原文本巨大的价值，这可能是当时主持作品全集的专家所期望的——他对此书来说极富"天赋"——而且他明确指出，只有"西班牙黄金时代的学者，尤其是研究塞万提斯文学的学者"才能"真正欣赏这部小说"。[80] 这些翻译家包括汤姆·莱思罗普（Tom Lathrop），他于 2007 年在语言文本出版社出版了《堂吉诃德》，之后的 2011 年，该书以平装本的形式在纹章经典丛书（Signet Classics）中出品，从而将他学术著作的受众扩大到了大众读者群。

麦格拉思对翻译的批判性评论证实了西班牙语学者的文化权威，尽管这种证实要求他的评论采用工具模型。例如，他发现，塞缪尔·普特南①（1949）和沃尔特·斯塔基②（1964）在翻译《堂吉诃德》开头的 adarga（中文含义为"椭圆形皮盾"）时，都用的是 buckler（圆盾），而不是选择更常用的 shield（盾牌）。他得出的结论是，只有"普特南和斯塔基仍然忠实于西班牙语词汇的本意"，而其他译者通过使用"英语母语者更容易识别的且更笼统的术语"来引入"变异"或"歪曲"。[81] 麦格拉思对 buckler 的定义（固定在手臂上的盾牌）取自《权威词典》(Diccionario de autoridades)，这是一本 18 世纪的词典，其中

---

① 塞缪尔·普特南（Samuel Putnam, 1892—1950），美国编辑、出版商和作家，以翻译罗曼什语作家的作品而闻名。
② 沃尔特·斯塔基（Walter Starkie, 1894—1976），西班牙裔学者和旅行作家。

引用了 16 和 17 世纪西班牙作家（包括塞万提斯）的解释性引文。[①] 为了记录他对该译文的评价，麦格拉思引用了 adarga 词条的第一部分（我下面的英文版本旨在保持语义对应）：

> Cierto género de escudo compuesto de duplicados cueros, engrudados, y cosidos unos con otros, de figura quasi ovál, y algunos de la de un corazón: por la parte interior tiene en el medio dos asas, la priméra entra en el brazo izquierdo, y la segunda se empuña con la mano.

> A certain kind of shield made of two identical pieces of leather, pasted, and sewn together, almost oval in form, although some are heart-shaped: on the inside it has two handles, the first slips over the left arm, and the second is grasped by the hand.

> 一种由两块相同皮革制成的盾牌，粘贴并缝合在一起，呈椭圆形，有时呈心形：其内部有两个把手，第一个套在左臂，第二个用手抓住。

麦格拉思的工具主义让他的评价显得不言自明：在他看来，西班牙语文本仅仅包含一个语义不变量，那就是 adarga 的"原始含义"，而仅仅引用一本词典就足以证明这一点。但麦格拉思实际上做了一个相当复杂的解释行为，这一行为将其他同样可行的解释扼杀在了摇篮里。首先，他决定应该将单个单词作为翻译的单位，这种做法与句子或段落等其他可能的单位形成对比，而不顾译者选择的是什么单位。同样，麦格拉思做了第二个决定，即原文本和译文之间

[①] 实际上，标题为《卡斯蒂利亚语辞典》（马德里：烙印出版社，1726—1739），6 卷。

的对等关系应该建立在单个词之间,这不仅与其他语言条目或文本划分不同,也和其他可能的文学形式特征不同,如风格、观点或体裁,且依然没有考虑译者的决定。因此,麦格拉思将两种正式解释与一种主题解释结合起来,就是他用来确定 adarga 含义的《权威词典》。

使用本参考书与支持麦格拉思权威的机构场所即学院直接相关。《权威词典》主要为学术界的专家所知,该词典让他排除了其他词典,因为这些词典粗略地将这个西班牙语单词定义为"椭圆形皮革盾牌""(椭圆形)盾牌"和"皮革盾牌"。[83]这也让他能够引用弗兰克·克莫德①所说的学术机构强加的"解释学限制",也就是决定可以采用何种解释方式。此外,就更喜欢"圆盾"(buckler)多过"盾牌"(shield)来说,麦格拉思是应用了另一种正式的解释,也是一种要求,即"译者必须追求保留角色说话时的古老风格",虽然他似乎忘记了一个事实,对于塞万提斯和他同时代的人来说,adarga 是当代的,而不是古老的,因此,选择像 buckler 这样的古语,或自始至终采用仿古策略,都不能准确地说代表了 20 世纪或 21 世纪"对小说的真正欣赏"。[85]

与约翰·杰·艾伦的翻译怀疑论相呼应,麦格拉思断言:"由于译者无法捕捉文本的原始含义,文学研究(literary scholarship)面临被歪曲的风险。"[86]但至少艾伦意识到,"在《堂吉诃德》建立价值焦点的困难众所周知",换句话说,西班牙文本中包含了不易解决的解释性难题,尤其是在翻译中。[87]通过对翻译的工具主义批评,麦格拉思将塞万提斯小说的解释权留给西班牙语学者,并排斥那些不符合学术标准但可能会吸引学院外读者的解释可能性,希望以此掌握塞万提斯小说的解释权。

在翻译研究领域,布莱恩·莫索普(Brian Mossop)的作品代表了一个主流趋势,即着眼于当前翻译行业的实践来指导学术研究和培训。莫索普在

---

① 弗兰克·克莫德(Frank Kermode, 1919—2010),英国作家兼评论家。

多伦多大学获得语言学硕士学位,后来为了从事专职翻译,没有完成博士论文。1974 年至 2014 年,他在多伦多担任带薪法英翻译,先是在加拿大国家翻译局工作,后在公共工程和政府服务部工作。他翻译的许多文本都属于科学领域,包括生态学、林业和气象学;其他则与公共政策问题有关,如交通、监狱、移民和难民。20 世纪 70 年代,他开始为政府培训翻译人员。1980 年,他在约克大学格伦登学院翻译系担任兼职教师,讲授专业文本翻译、修改和编辑、翻译理论等课程。他也是《译者修订与编辑手册》(*Revising and Editing for Translators*,2001)的作者,该手册现已出版第四版。他还撰有五十多篇文章和评论,收录在已编卷册和期刊论文上,如《译者杂志》(*Meta: Journal des traducteurs*)、《视角:翻译学研究》(*Perspectives: Studies in Translatology*)、《目标:国际翻译研究杂志》(*Target: International Journal of Translation Studies*)以及《译者》(*The Translator*)。

在莫索普的翻译生涯中,翻译实践、教学与研究经常密不可分。这可以被认为是他 2017 年 "意见书" 的主要动机,其中主要基于他作为政府译员和翻译培训师的四十年经验。他认为,"翻译行业中大多数创作者面向不变量的心理态度" 应该成为 "翻译研究的中心对象"。[88] 莫索普所说的 "面向不变量" 指的是世界上大多数译者的 "基本心理取向",是 "力求意义的不变量,尽量减少有意的差异"。[89] 尽管他对工具模型的假设似乎足够清晰,突出了语义不变的再现特征,但他的阐述缺少条理,最终不仅压制了对翻译的解释学理解,而且还最小化了各种条件,如语言和文化、制度和社会,在翻译的创作和接受中所能发挥的作用。

如果不是完全矛盾的话,这种混乱就表现为许多模糊的区别。莫索普断言,他的不变量概念强调的是 "意图而非结果",因为在翻译中不可避免地会出现某种程度的变化;因此,不变量的标志 "与其说是原文本和译文之间存在大量语义对应关系",不如说是 "创作的社会环境",包括 "领导的期望" 或

"为有特定目的的客户翻译的实用性"。[90] 然而,这些"情况"和"目的",即使被视为译者意图的一部分,也不能称为严格意义上的"思考":它们与"结果"有关,因为它们确保了翻译带来的影响或者它打算为其服务的功能会限制那些面向不变量的译者。因此,意图和结果之间的所有区别已经瓦解,不变量似乎已经从意义转变为效果或功能。莫索普解释说:"为了让输出有价值,一些刻意的词义变化确实发挥了重要作用。"[91]

尽管如此,翻译的效果或功能并不能作为一个可靠的标准来建立或衡量不变量。因为它也可以变化,这取决于创作或使用翻译的解释语境、制度语境或社会语境。莫索普忽略了这一点。他认为,客户的目的可以通过消除任何"古怪之处"来稳定"译者的含义同一(meaning sameness)概念":"如果你在为一家制药公司翻译药品信息表",他说,"你会避免花哨的解释,甚至微小的遗漏"[92]。但是,如果译者确实避免了这类行为,而译文成为了针对该制药公司遭起诉的证据怎么办?译者保持语义不变的翻译原则可能会产生与客户实际利益相反的效果。功能在翻译的创作或使用中可以作为一个主题解释项,但其意义会随着制度条件的不同而变化。

当莫索普暗示面向不变量的翻译是一种解释行为时,也会出现类似的混淆。他指出,大多数译者的意图是"尽可能多地传达他们对原文本的解释",并承认"真正实现高度的含义不变量是相当困难的,且各种第三方(修订者、翻译课教师或学者、作为评论家的双语使用者)可能会对它是否已经实现存在分歧"[93]。这里的翻译似乎涉及可变的解释:无论第三方判定它们是有限的或不准确的,原文本都可以支持不同程度的语义对应。然而,当莫索普描述包括他自己在内的翻译过程时,他的言论无疑是工具主义的。他宣称:"梳理出原文的确切意思,然后用另一种语言尽可能快地捕捉到它,我……发现翻译行为如此有趣";在他看来,翻译就是在"保留意义"的基础上的"创造对等"。[94] 在这种说法中,意义被认为是原文本中固有不变的本质,因此不会受到像翻译功能这样的解释项的影响。

支撑莫索普思想的工具主义,源自他对翻译研究理论发展的保守反应。他抱怨说:"如今理论创作确实倾向于过分关注差异而不是相似",他发现不变量这个话题"在20世纪80年代基本就被抛弃了,当重点转移到为了与目标语言文化的未来用户交流,翻译如何与原文不同时,这个转变与文化关键词'多样性'非常吻合。"[95] 由此,他解释了这一趋势。莫索普似乎认为,20世纪80年代,后结构主义作为一种批判的正统主义在人文学科中出现,当时翻译作为一种变革实践的概念被广泛接受,并与意识形态批评的形式联系在一起。[96] 然而,除了模糊的抱怨之外,他并没有尝试自己所谓的"差异导向的翻译理论"(variance-oriented translation theory),当然该理论也没有解释他所反对的理论论述(theoretical discourses)。[97]

我所阐述的解释学模型并不需要或建议译者故意改变原文本。相反,该模型从根本上将翻译视为可变的解释,但它仍然可以包含不同的对等概念,包括语义对应和风格相似。因此,解释学模型仅质疑对不变量的全盘接受,无论这种取向是来源于翻译行业,还是它描述了当前专业译者的实践。令人遗憾的是,莫索普的意见书表明,他的翻译实践、教学和研究长期以来一直试图维持翻译现状,并认为这是理所当然的。

欲望机器

在选择"开始/停止"作为这篇导言的标题时,与其说我强加了一个机械的阅读隐喻,不如说是引用了吉尔·德勒兹[①]和菲利克斯·瓜塔里[②]的"欲望

[①] 吉尔·德勒兹(Gilles Deleuze, 1925—1995),法国后现代主义哲学家。

[②] 菲利克斯·瓜塔里(Félix Guattari, 1930—1992),法国哲学家、精神分析师、社会活动家。

机器"①或"机械装配"的概念。[98]从他们的意义上说，我认为这本著作是一种"制造欲望"的工具，让我的读者，也就是你们，产生了批判这种模式的意愿，因为这种模式在翻译思维里已经根深蒂固了，是无意识的、本能的、机械的。想要批判工具主义并不容易，或者说我们其实无能为力，毕竟冷静客观的推理还缺少足够的说服力，这种模式充满欲望，必须通过这场挑衅之战来释放和改变它。

　　与我阐释的方法同时进行的还有批判性解读，它已经开始脱离工具主义长期以来的主导地位，不再使用它，并用绝对的解释学翻译研究和实践取而代之。我们的出发点是承认原文本进入翻译过程，而翻译过程经过调解，能够支持多种且相互冲突的解释，不过这些解释仅受创作与传播译文机构的限制。"欲望机器"，德勒兹和瓜塔里写道，"在社会机器中发挥作用"，社会机器压制了本质上"爆炸性"的欲望力量，具有让制度化实践"去地域化"（deterritorialize）的能力："在不摧毁整个社会部门的情况下，没有一种欲望机器能够被组装起来。"[99]想要改变翻译思维，就要改变包含文化生产的各种形式和实践的制度。那么，我要问的问题是：你准备好检查你的翻译思维了吗？你打算改变它了吗？

　　我标题中的contra（反对）意在唤起古代晚期的宗主主义争议，当时翻译在学术研究中极为重要，因此在激烈的讨论中占据了一席之地。世界各地的学术界迫切需要恢复这种中心地位，并认识到翻译不仅是人文研究的核心，也是构建当今社会关系的地缘政治经济的核心，前提是把翻译当作一种伦理指控和政治参与的解释行为。

　　你的欲望又在哪里？

---

　　①　"欲望机器"（desiring-machine）这一概念出自德勒兹和瓜塔里合著的《资本主义与精神分裂》第一卷《反俄狄浦斯》。德勒兹和瓜塔里的欲望机器理论旨在对精神分裂进行批判，他们结合马克思的生产理论也由此将欲望概念发展为欲望生产和欲望机器的概念。

第一章　劫持翻译

不平衡的发展

学术界变化缓慢。正如皮埃尔·布尔迪厄①所观察到的，这种缓慢发展阻碍了新思想的产生，而新思想有利于那些目前在某一特定领域享有权威的人。¹具有讽刺意味的是，学者们怀有一种反智主义，这是由智力劳动分裂成许多制度区块而滋生的。无论这一领域在知识数量和深度上的效率如何，专门研究就等于充耳不闻。

以比较文学领域为例。它起源于19世纪后期的欧洲，从20世纪50年代开始，它在美国稳固地建立起来，受到欧洲流亡学者（émigré scholars）贡献的鼓舞，于是许多学术机构的部门和项目中均设置了该学科。到1975年，共有150所高校提供本科和研究生水平的学位或专业；目前已经达到了187所。²尽管取得了如此显著的增长，但是比较文学学者们花了一个多世纪的时间才认识到该领域建立在欧洲中心主义和民族主义假设的基础上。

在此期间，把不同文学进行对比的想法在大多数情况下相当于一种方法论，其中包含三个关键步骤。使用原语阅读欧洲作品全集，这种做法在形式和主题上有相似之处；这些作品所根植的民族语言、传统和文化的差异是可

---

①　皮埃尔·布尔迪厄（Pierre Bourdieu, 1930—2002），当代法国最具国际性影响的思想大师之一，巴黎高等研究院教授，法兰西学院院士，1972年出版了经典的社会学著作《实践理论大纲》。

第一章 劫持翻译

以理解的；无论是跨国还是全世界范围的，最终可能都会冒险采取更宽泛的概括，这取决于比较文学学者对文学、社会或人性的假设。埃里希·奥尔巴赫（Erich Auerbach）1946年的权威作品《摹仿论》（*Mimesis*）是这一方法论的常引篇章，它考察了从古代到20世纪的"欧洲文化中现实的文学表现"，明确排除"考虑""外国影响"（fremde Einwirkungen）为"不必要的"（其中"外国"指跨国的和非欧洲的）[3]。虽然比较文学学者在研究和教学中越来越依赖翻译，但他们被要求掌握包括英语在内的至少四种欧洲语言。直到20世纪90年代早期，当美国比较文学协会（ACLA）委托查尔斯·伯恩海默[①]提交一份委员会起草的"标准报告"时，该领域才公开面对其长期以来对非欧洲文化的排斥，及其对翻译的诋毁。1993年，伯恩海默的报告和16篇"回应文章"与"立场论文"一同发表，旨在使比较文学符合当时被认为是"文学研究的进步趋势，走向多元文化的、全球的以及跨学科课程"，包括文学和文化理论、文化研究以及电影研究的发展，并将精英文学视为一种文化形式和实践。[4]

然而，虽然伯恩海默的报告引发了争议，但并没有多大改变。在激进的反殖民运动结束几十年后，后殖民理论出现了，当时经典作品的范围已经扩大，包括了非洲、亚洲和拉丁美洲的文学。到20世纪90年代，这种扩张已经在无数的课程、出版物、会议和教授职位中被制度化。尽管如此，根据定义，经典具有排他性，因为它们必然会出现边缘地带，让文学、作者和作品活在被忽视的阴影中。即使是欧洲文学也可能被所有人忽略，当然那些研究小语种的专家（比如加泰罗尼亚语、匈牙利语或现代希腊语）除外。尽管伯恩海默的报告建议"应该减轻对翻译所存在的昔日的敌意"，但随后的回应论

[①] 查尔斯·伯恩海默（Charles Bernheimer, 1942—1998），宾夕法尼亚大学比较文学和文学理论项目的联合主席、作家、比较文学学者。

文和立场论文在这个问题上仍然存在分歧,翻译研究在美国仍然处于边缘地位。[5] 20世纪80年代,翻译在英国比较文学协会获得了合法地位,在接下来的10年里,培养译员和专门从事翻译研究的学位课程,在英国大学里如雨后春笋般涌现。相比之下,美国的比较文学学者毫不动摇地仍旧专注于权威作家的原创作品。除了极少数例外,如果一位学者决定翻译或研究翻译,则很可能会危及他的学术生涯。

正如伯恩海默在报告中明确指出的,比较文学学者仍然以怀疑的眼光看待翻译,因为他们寄希望于"深入了解外语的必要性和独特优势",即便没有这样的想法,他们也不会对翻译进行专业研究或实践。[6] 然而,在21世纪初,翻译的持续边缘化似乎也源于对它是什么和做什么的不确定性。苏源熙[①]随后为美国比较文学协会(ACLA)撰写的报告收录了19篇评估《2004年学科现状》的文章,其中包括一篇史无前例的文章,阐述了翻译可能对比较文学研究做出的宝贵贡献。[7] 但是苏源熙自己的文章通过将翻译隐含在"主题式阅读"(thematic reading)中,表达了对翻译的某种蔑视:"在主题式阅读中遇到的东西(针对我们遇到翻译文学的情况而设计的策略)并不一定是一部作品最值得了解的东西。"[8] 被误导的读者能够专注于主题,苏源熙认为,因为"除了主题之外,没有任何作品可以在翻译过程中幸存下来"[9]。

在这一点上,苏源熙同意奥尔巴赫的观点。虽然奥尔巴赫的理想读者似乎会在历史发展的不同阶段掌握八种语言(即希伯来语、古希腊语、拉丁语、意大利语、法语、西班牙语、德语和英语),但对于受教育程度较低的读者,他提供了所讨论段落的德语译文。他认为翻译传达了必要的内容,使之更易于理解。实际上,根据工具主义翻译模型,他将内容视为语义不变量。

[①] 苏源熙(Haun Saussy,生于1960年),美国芝加哥大学校聘教授,著名汉学家。主要研究中国古典诗歌与诗评、文学理论等,代表作有《中国美学问题》《话语的长城:文化中国探险记》等。

然而，与奥尔巴赫和苏源熙（他们既是古典学家又是汉学家）一样，对于有一定语言基础的比较文学学者来说，这种假设似乎很容易让人相信。翻译可以保持语义对应（semantic correspondence），但与原文本的关系不应该与原封不动地还原主题相混淆。翻译使原文脱离了不同的语境，而这些语境使原文在其起源的语言和文化中具有独特的意义、价值和功能。同时，即使在保持语义对应时，译文也在译入语中建立了一套不同的语境，并支持各种含义、价值观和功能，他们对原文本和目标文化来说都是全新的。因此，苏源熙可以断言，"译者总是会扰乱两种语言系统的稳定经济"。[10]但是，为什么他还认为"翻译总能成功地传达出作品中观众已经做好准备的那些方面"呢？[11]做好准备的观众也能容忍扰乱其语言的翻译吗？译文怎么能既让读者失望又让读者满意呢？尤其当它只是完整地传递原文本的内容时。苏源熙并未给出解释。

考虑到他的文章发表在关于该领域现状的报告中，那么反映出的不确定性很可能代表了美国比较文学的状况。因此，在过去的十年中，一些院系和专业为翻译提供了课程空间，我们不应该感到惊讶。或许它们只占少数。通过浏览学院和大学的网站可以发现，目前约有25%的学校以某种形式提供比较文学的课程，包括翻译理论、历史和实践；一些学校甚至还制定了毕业证书。但对于一个不大量使用翻译就无法存在的领域来说，这个数字低得惊人。自2005年以来，情况似乎没有太大变化，一份关于比较文学本科课程的报告显示，在40所大学中，76.2%的学校开设了翻译方面的世界文学课程，而只有14.3%的学校开设了翻译理论和实践课程。[12]此外，翻译课程由那些对翻译有兴趣或愿意在新领域重整旗鼓的教师担任。直到2011年，俄勒冈大学比较文学系才开始寻找一位专攻翻译研究的终身助理教授。迄今为止，这种求贤行为已被证明只是个例。

2017年，美国比较文学协会的报告提供了一个机会来衡量翻译现在进入该领域的程度。在这轮评估中,并不是由委员会制作一份文件来做出相对简短的回应,而是创建一个"学科现状"的网站,用来发布经过编辑委员会审查的各种长短不一的稿件,然后由乌苏拉·海瑟[①]精选一部分打印成册。最后,"50 多篇文章"和"60 名参与者"参与其中,在"范式""当下十年的想法"和"未来"等标题下发表文章,因此海瑟得出"我们学科当前概念地形的粗略图出现了"[13]的结论是有道理的。在这种情形中,翻译似乎占据了一个微不足道但仍然是交锋激烈的位置。在该网站上以"翻译"为关键词进行搜索,结果只有 5 篇帖子,而且并非所有帖子都与翻译相关。显然翻译不被视为该领域的迫切议题。从印刷册中收集的文章来看,对于语际翻译产生的文本是否可以作为研究和教学的基础,人们的意见仍然存在分歧。因此,毫无疑问,伯恩海默所说的"昔日的敌对状态"依然存在:在 2017 年的报告中,并非只有苏源熙的文章抱怨"主要以翻译形式授课"的文学会"降低语言要求和相应的文化信息"。[14]

人们不禁要问,比较文学学者什么时候才能意识到翻译教学和设置外语要求之间没有必然的联系呢?他们什么时候才能承认他们的研究和教学不可避免要依赖翻译呢?也即,他们什么时候才会不再抱怨根深蒂固的想法,转而把自己的精力和专业知识用于学习如何将译文作为文本阅读呢?换句话说,比较文学学者什么时候会承认译文有助于理解原文本,因为它们是在解释而不是在复制这些文本?

与此同时,2017 年的报告里主要针对翻译的三章并没有提供太多有进展的证据。相反,这三章表明,在翻译研究制度化过程中出现了各种形式的停滞或干扰。布里吉特·拉斯(Brigitte Rath)认为,"伪翻译"

[①] 乌苏拉·海瑟(Ursula Heise),美国著名理论家和批评家,代表作有《后人文主义:对人类进行新的思考》。

(pseudotranslation)这一术语用来描述从不存在的原文本中翻译出来的原创作品,它应该"作为一种阅读方式",因为它"使比较文学的一些核心概念更加清晰",并"开辟了研究文学文本的新途径"。[15] 尽管拉斯很信赖翻译学者吉登·图里(Gideon Toury)二十多年前对这个术语下的定义,但她从未考虑过它对翻译意味着什么。

最近,夏登·塔杰丁[①]接受了"不可译性"的主张,不过他的想法自相矛盾。他认为,任何"不可译"的语言使用"既是相对的,又是绝对的,既是人类的,又是神圣的",并指出比较文学在鲁迅的"硬译"中放弃"可译/不可译的同义重复",这实质上是一种贴近原文本的策略。[16] 作为文学研究项目或教育学的一部分,翻译策略可能会产生卓有成效的见解。但是,强调这种策略难道不会最终扭曲任何历史叙述或文本分析吗?本来可以追溯到古代东西方的多种文化,却为什么要选择20世纪早期中国人使用的策略呢?

柯夏智[②]论文中的章节令人钦佩,他提到翻译实践应被视为一种解释行为,因此也应被视为一种学术形式,并指出"用作品语言阅读'原作'是一种特权,所以翻译才受到了诋毁"[17]。然而,柯夏智的做法是通过断言,而不是通过详细的案例或新的数据来论证。他的断言经常被重复,这让人回想起一个在该领域已不复存在的早期情况。安德烈·勒菲弗尔于1982年指出,作者原创性的概念贬低了翻译。2011年,美国现代语言协会(MLA)执行委员会通过了一项将翻译评估作为学术研究的声明。[18] 如果这些较早的文件没有实质性地改变翻译的制度地位(institutional status),仅仅反复重申似乎没什么帮助。我们可能会机智地问,如果**译者**的原创性不能和作者有关,那么它的本质又是什

---

① 夏登·塔杰丁(Shaden Tageldin),明尼苏达大学文化研究与比较文学系文化研究与比较文学副教授。
② 柯夏智(Lucas Klein),牛津大学中国古典文学文库副主编,中国诗歌的重要英译者之一。

么呢？MLA 指南是否曾在美国学术机构（无论是北美还是南美）的同行评议中被用于评估翻译？

至于比较文学如何继续边缘化翻译并将其视为盲点，最明显的迹象可能出现在 2017 年的报告中，也就是那些不加反思的评论和编辑，它们为了将翻译研究排除在该领域之外确实花费了不少工夫。在关于环境人文学的一章中，海瑟自己解释说道，她本来最近计划撰写一篇关于蕾切尔·卡尔森（Rachel Carson）的《寂静的春天》(*Silent Spring*, 1962) 多种译本的文章，以"突出纪实散文和纪录片对环境思想和行动主义的重要性"，但"不安感最终战胜了她"，她认为多位作者的报告《增长的极限》(*The Limits to Growth*, 1972) 更合适，因为它"被提到的次数最多"。但她也拒绝了这篇文章，因为它不属于"文学叙事"。[19]

我把这种"不安"视为制度矛盾的症状，海瑟发现这种矛盾难以应对。研究这些纪实文本的翻译让她的工作更倾向于文化研究而不是文学研究，伯恩海默的报告揭示了该领域的紧张局面。但她最终做出了保守或落后的选择，尽管翻译分析包含形式特征，如语域和风格、话语和体裁，事实上，这些特征可以被认为带有"文学性"。此外，《增长的极限》不是"纪实散文"的一个例子吗？海瑟是否也会拒绝对相关文本的各种版本进行检查？比如 1789 年托马斯·马尔萨斯（Thomas Malthus）的《人口论》(*An Essay on the Principle of Population*)，该书在出版后的一个世纪里被翻译成法语、德语、俄语和西班牙语。讽刺的是，虽然就把这些译文看作译文这件事，她没有发表评论，但她通过讨论包括汉语和西班牙语译本的"环保主义"小说，选择发展"一个更传统的论点"，这位工具主义者认为，它们复制了原文本中的语义不变量。[20] 这个信息似乎很明确：翻译研究并不是比较文学"传统论点"的基础，工具主义将翻译完全排除在外，可以更好抑制翻译可能引起的职业不安。

这种态度也许可以解释为什么 ACLA 网站上最激动人心的翻译帖子没有出现在印刷报告中。在名为"实践"的标题下，加藤·丹妮拉[①]和布鲁斯·艾伦[②]描述了他们对中世纪日本文本的研究，该文本是"受地方影响的环保主义产物"，通过大量现代翻译，可以"在比较生态批评框架（comparative ecocritical framework）内产生看似深远的影响"[21]。加藤和艾伦的论述意义深远，综合了广泛的材料，也由此说明他们的项目对很多领域都有贡献，包括日本文学史、环境文学理论与批评、世界文学理论，以及最独特的翻译理论和翻译史。这项研究不仅具有比较性，而且是跨国的，尤其是跨学科的，并在考察翻译文本的文化和社会影响时，从当地扩展到全世界范围。将其排除在《比较文学的未来》（*Futures of Comparative Literature*）之外，只会让我们对这一领域的可能性有一个粗略的了解，这就提出了一个问题：对未来投资，是否会产生很大的回报？

在世界文学的肩膀上

在过去二十年中，制度的诸多发展影响了翻译，自从 20 世纪 60 年代及之后欧洲理论话语涌入后，比较文学见证了最具决定性的变革，而这种变革又在某种程度上激励着制度的发展。歌德的"世界文学"概念复活了，现在弥漫着布尔迪厄的文化价值社会学和伊曼纽尔·沃勒斯坦[③]的世界体系理论气

[①] 加藤·丹妮拉（Daniela Kato），日本独立学者、作家、教育家，曾在东京大学任教，目前主要研究现代和当代生态诗学、生态女性主义以及生态翻译理论。

[②] 布鲁斯·艾伦（Bruce Allen），日本东京清泉女子大学英语语言文学系教授，教授翻译、比较文学和环境文学课程。

[③] 伊曼纽尔·沃勒斯坦（Immanuel Wallerstein，1930—2019），美国著名历史学家，社会学家，国际政治经济学家，新马克思主义的重要代表人物，世界体系理论的主要创始人。沃勒斯坦著述丰富，影响最大的著作是其耗费 30 多年心血的《现代世界体系》。

息。因此，比较文学的范围在全球范围内变得国际化。在帕斯卡尔·卡萨诺瓦（Pascale Casanova）的《世界文学共和国》（*The World Republic of Letters*，1999）和弗朗哥·莫莱蒂（Franco Moretti）的《世界文学猜想》（*Conjectures on World Literature*，2000）[22]等既有争议又有开创性的研究中，全球文学关系一方面包括文化声望和权威的不平等分配导致的竞争，另一方面包括语言和文学资源。西方的城市中心（例如巴黎、伦敦、纽约等）通过出版、翻译和颁奖等方式，既给国家文学传统赋予价值，也给特定的作者和作品赋予价值。通过与外国作品相结合，通常是欧洲形式与当地内容相结合，小说等体裁在不同的文学作品中逐步发展起来。

诚然，这种研究世界文学的方法受到西方主义（Occidentalism）的影响，忽视了边缘地带的中心（例如，在贝鲁特出版阿拉伯语的作品，或在加尔各答出版印度英语的译作）。但这种方法强调世界各地文学所处的不断变化的等级情况（changing hierarchies），认识到跨国影响和接受情况的重要性，并挑战民族自治传统的概念。这种比较思维来自以英语为中心的跨国主义著作，例如杰汉·拉马扎尼[①]的《跨国诗学》（*A Transnational Poetics*，2009），或者丽贝卡·沃尔科维茨[②]的《生为译作：世界文学时代的当代小说》（*Born Translated: The Contemporary Novel in an Age of World Literature*，2015）更有说服力，美国学术界激进的单语主义（monolingualism）完全排斥外国语言和文学。[23]拉马扎尼和沃尔科维茨都没有认真考虑过**语际翻译**，实际上，他们重申了英语的全球霸主地位，同时也清空了"跨国主义"和"翻译"等术语的大部分意义。

在沃尔科维茨的例子中，这种排斥尤其充满矛盾。她认为"翻译渗透在我

[①] 杰汉·拉马扎尼（Jahan Ramazani，生于1960年），弗吉尼亚大学英语系教授，美国当代最具影响力的诗歌评论家之一。

[②] 丽贝卡·沃尔科维茨（Rebecca Walkowitz），罗格斯大学英语系副教授。

们日常的读、写、看的文化中",但她从不讨论翻译文本,甚至当她引用石黑一雄①的话时(因为她非常关注石黑一雄)说道,"我自己散文的节奏非常像我读过的那些俄文译文"[24]。沃尔科维茨认为当代小说是"天生就是译过的",主要指的是英语原创作品能将翻译作为主题和理念,或作为语码转换和方言之间的转换。她把这一看法归功于本尼迪克特·安德森(Benedict Anderson)1983年出版的《想象的共同体》(*Imagined Communities*):"正如安德森的文本所述,对翻译的压制可能与国家项目中对跨国冲动(transnational impulse)的压制有关",因为这与她自己的项目有着惊人的相似之处,即维护从美国英文系毕业的英语小说家的经典作品。[25]

与此同时,比较文学学者对世界文学的论述一直发展不均衡,甚至相互矛盾。大卫·达姆罗什2003年出版的专著《什么是世界文学?》涵盖了从古代到现在的作品,范围广泛,取得了可观的进展。他认为,值得被贴上"世界"标签的文学,明显是跨越国界的文学。[26]这不是作品的标准,而是一种接受作品的方式,而翻译是世界上最杰出的实践。尽管如此,达姆罗什2004年的多卷合集《朗文世界文学选集》(*The Longman Anthology of World Literature*)确实遵循了全球公认的标准,按时间顺序装订以方便课堂使用,并将所有非英语作品都以英语译文印制。[27]虽然要完全依赖翻译,但翻译文学教学提出的紧迫问题是:为什么选择某个特定的译本?它在原文本中铭刻了什么解释?这种翻译如何回应翻译产生时英语国家的文化状况?这些问题并没有被编撰这些卷册的众多编辑们解决。2009年的第二版选集向这个方向迈出了一步,收入了著名"译本"的小节,即评论原文本和英文版本之间差异的短文。然而,这一步骤

---

① 石黑一雄(Kazuo Ishiguro,生于1954年),日裔英国小说家,主要作品有《远山淡景》《浮世画家》和《长日将尽》等。曾获得1989年布克奖、2017年诺贝尔文学奖、大英帝国勋章、法国艺术及文学骑士勋章、首届大益文学双年奖等多个奖项,与鲁西迪、奈保尔被称为"英国文坛移民三雄"。

就算是有希望的，也被编辑们用翻译丢失的说辞阻止了：评论并没有将翻译视为一种解释，而是假定了一种工具模型，并指责这些版本未能转移原文本的不变特征。歌德的《迷娘曲》(*Mignon*)是《威廉·麦斯特的学习时代》(*Wilhelm Meister's Apprenticeship*)中的一首歌曲，编辑对其歌曲的两个译本作出了评论，声称"译文总是不如原文能引出共鸣……诗意蕴藏在最微小的细节中，这些细节译者除了诋毁别无他法"[28]。

如果一部选集能把达姆罗什的重点放在跨越国界上，可能会是一个有趣的试验。这或许不仅表明构成世界文学的影响和接受模式在历史上是可变的，并随着时间的推移在不同的标准和边缘中融合，而且还说明世界文学涉及多种实践，包括翻译、改写和编辑，以及不同的读者群体，有精英，也有大众，有人为了求知，也有人为了享乐。这本选集不会是出版商的宠儿：其选择只能是暂时的，取决于某些编辑如何解读文学史，以及他们选择哪些作品来阐释他们的解读。不同的时代可能会编辑不同的选集，因为全球文学关系在文化交流中得以展开，因为对过去的印象会在学术研究中得以修正。

因此，我们所谓的世界文学是不断变化的，无论这种文学位于何处，其偶然性可能说明文学在跨国趋势影响下的很多发展方式。根据文本跨越文化边界的语言，它也可以被看作是正在经历地理上的重新定义。一本以接受为导向的选集可能会提出这样的问题：为什么在当前的英语世界文学作品中，奥尔罕·帕慕克①、罗贝托·波拉尼奥②和多和田叶子③等作家取代了伊塔洛·卡尔

---

① 奥尔罕·帕慕克（Orhan Pamuk，生于 1952 年），土耳其当代最著名的小说家，代表作《我的名字叫红》获得国际 IMPAC 都柏林文学奖，同时还赢得了法国文艺奖、意大利格林扎纳·卡佛文学奖以及诺贝尔文学奖。

② 罗贝托·波拉尼奥（Roberto Bolaño，1953—2003），智利诗人和小说家，代表作有《荒野侦探》等。

③ 多和田叶子（Yoko Tawada，生于 1960 年），日本作家，代表作有《献灯使》等。

维诺[①]、加夫列尔·加西亚·马尔克斯[②]和阿西娅·吉巴尔[③]成为人们关注的焦点？甚至可以通过将选定的译文（连同带注释的英文版本）放在一起，并抽取部分犀利的评论，来探索具体的当代作家，比如莉迪亚·戴维斯[④]或村上春树（Haruki Murakami），在全球范围内接受程度的区别。这本选集与其说是一本确认现有作品的合集，不如说是一本工作手册。通过出版、翻译、评论和教学等实践来研究文本的全球流通状况，它将探询经典形构（canon-formation）的变化情况。

误译

虽然艾米丽·阿普特（Emily Apter）没有提到达姆罗什的《朗文选集》，但当她谴责"正如世界文学支持者赞助的项目证明的那样，出于创业和扩张的动机，将世界文化资源收入选集并编入课程时"[29]，她显然想到了这一选集。她创作并出版于 2013 年的著作《反对世界文学》（Against World Literature）抨击了她认为推动比较文学领域发展但又肤浅的翻译方式，因为它扩大了比较文学的范围。她的补救办法是提倡"不可通约性"（incommensurability），也就是"不可译性"，从而质疑"跨语言、跨文化、跨时期、跨学科交流的批判性实践（critical praxis）"[30]。这种努力并不像乍听之下反对"交流"那样有悖常理或虚

[①] 伊塔洛·卡尔维诺（Italo Calvino, 1923—1985），意大利当代作家，主要作品有《分成两半的子爵》《树上的男爵》《不存在的骑士》等。

[②] 加夫列尔·加西亚·马尔克斯（Gabriel García Márquez, 1927—2014），哥伦比亚作家、记者和社会活动家，拉丁美洲魔幻现实主义文学的代表人物，20 世纪最有影响力的作家之一，1982 年诺贝尔文学奖得主。代表作有《百年孤独》《霍乱时期的爱情》等。

[③] 阿西娅·吉巴尔（Assia Djebar, 1936—2015），阿尔及利亚小说家、翻译家和电影导演、女权主义者。

[④] 莉迪亚·戴维斯（Lydia Davis, 生于 1947 年），美国小说家、翻译家。

无主义：它确实帮助阿普特收集了"一系列联系松散的主题"，包括"翻译神学""翻译禁忌"以及"文学世界体系"。[31] 然而，有一件事很快就会显现出来，即"不可译性"使她无法就翻译发表更多有用的见解。这实际上是比较文学用工具模型来压制翻译研究的另一种方式。

该问题始于阿普特对法国哲学家芭芭拉·卡森①的《不可译词语大典》（Dictionary of Untranslatables）的依赖，这是一部1500页左右的作品，卡森（在我的翻译中）将其描述为"哲学差异的地图学（a cartography of philosophical differences）"[32]。这本书于2004年以法文出版，2014年出现了经过大幅修订的英文版，由阿普特、雅克·莱兹拉②和迈克尔·伍德③共同编辑。[33] 每个词条都探讨了一个术语在多种语言中的表达，通过语言和文化、话语和地理的差异，勾勒出它的历史传承脉络。这些概念经历了与翻译困难相吻合的转变。例如，我在这里给出了英语术语，包括 Subject（主体）、Justice（正义）、Peace（和平）、Sex（性）和 World（世界），卡森说，"每一个词条，都是从不可译的节点出发，然后在术语中进行对比，其中的曲解包括诸多语言与文化的历史和地理"[34]。

曲解？在卡森看来，由于这些术语一再被误译，称它们"不可译"似乎并不准确。在她晦涩难懂的解释中，它们是"人们无法停止（不）翻译的东西"[35]。这些词汇很难翻译，需要机智的策略，但这对译者来说，更像是常规的策略，比如创造新词或给旧词赋予新含义。这些词条并没有表现出不可译性，而是记录了一系列有说服力的译文，说明可译性是存在的，通常从古

---

① 芭芭拉·卡森（Barbara Cassin，生于1947年），法国哲学家、翻译家和翻译理论家。
② 雅克·莱兹拉（Jacques Lezra），美国纽约大学比较文学系主任，西班牙文学专家，主要研究领域为欧洲文学早期现代性问题、莎士比亚、视觉艺术和当代批判理论。
③ 迈克尔·伍德（Michael Wood，生于1948年），有历史学家、纪录片制片人、主持人、作家等多重身份，现任曼彻斯特大学公共历史学教授。

第一章 劫持翻译

希腊一直延伸到现代欧洲。然而,在卡森的字典中,有些翻译是允许的,有些则不允许,不允许的被打上误译的烙印。在仔细阅读这些条目时,你很快就会感到,翻译的本质是不确定的,不同的撰稿人对翻译有不同但又未阐明的看法,甚至词条"To Translate(翻译)[法语 Traduire]"也无助于理清这团乱麻。

我们就来看一下关于 Subject(主体)的词条,由卡森、埃蒂耶纳·巴里巴尔[1]和阿兰·德·利贝拉[2]撰写,由戴维·梅西[3]翻译成英语。阿普特将其视为卡森项目的典型代表,并提出了一个扩展的引文。以下是关键部分:

> 阿维罗伊[4]在一段最著名的陈述里似乎引入了主体的概念,是关于永恒和理论智力的堕落的段落,因为这是人类的终极完美。他断言:"也许哲学总是存在于大部分主体中,正如人因人而存在,马因马而存在一样。"这个表达是什么意思呢?与阿维罗伊的纯理性论(noetics)原则相反,阿维罗伊主义者让·德·让顿(Jean de Jandun)把它理解为"哲学在其主体的大部分(*sui subjecti*)中是完美的",或者换句话说,"在大多数人中"(*in majori parte hominum*)。这种解释没有根据。然而,如果我们回想一下阿维罗伊的拉丁文译者混淆了阿拉伯术语 mawdu[原阿拉伯语单词](*hupokeimeno* 意义上的主语或基础)和 mawdi[原阿拉伯语单词](地方),我们就可以解释这一点。阿维罗伊只是说道,哲学一直存在于"大部分地方",意思是"几乎无处不在",让把他的说法理解为,哲学的主体是

---

[1] 埃蒂耶纳·巴里巴尔(Étienne Balibar,生于1942年),法国哲学家。
[2] 阿兰·德·利贝拉(Alain de Libera,生于1948年),日内瓦大学名誉教授,主要研究中世纪逻辑史、语言哲学等。
[3] 戴维·梅西(David Macey,1949—2011),英国作家、翻译家。代表作有《福柯传》等。
[4] 阿维罗伊(Averroës,1126—1198),西班牙穆斯林医学家、哲学家。

"大多数人",因为每个人(或几乎每一个人)都会根据自己的知识和才能为圆满(完美)的境界做出贡献。

任何认为阿维罗伊的表述涉及人类主体性的想法都是错误的,这位拉丁语译者对亚里士多德的希腊文本《灵魂论》(De Anima)给出了阿拉伯语的评论,也因此导致了错误的后果。虽然14世纪的法国思想家让·德·让顿被公认为"阿维罗伊主义者",但他被后来的误译误导了。阿普特不加批判地接受了这一说法,并重复其关于翻译损失的言辞,同意法国作者的结论,即误译,正如她所说,"给自由意志、自我自治和超验主体的现代概念带来了挥之不去的影响"。[37]然而,翻译分析提出的问题比它所能回答的问题更多,最终表明,不可译性为研究哲学史奠定的基础并不稳固,更不用说研究世界文学了。

分析译文首先需要建立原文本。这一步看似很简单,就是找到译者所使用的文本,但是编辑行为并不是一个单纯或透明的过程,特别是对于一个经历了复杂传播的古老文本。作者们似乎意识到了这个问题,他们承认"鉴于语料库的现状,只能用拉丁语读懂阿维罗伊的《关于〈灵魂论〉的长篇评论》(Long Commentary on the De Anima)或用迈克尔·斯科特①晦涩难懂的译文(阿拉伯语原文已丢失)[38]才能完全阅读"。然而,如果是这样,他们凭什么引用阿维罗伊的阿拉伯语来识别拉丁语的误译?他们没有引用现存的资料,而是通过回译**发明**了它。换句话说,他们的权威似乎只是他们自己的阿拉伯语译本,而这份译本还是来自并不确定的阿拉伯语译文,不过却得到了这位安达卢西亚哲学家的"纯理性论"(他对人类智力的看法)的支持。要想发现译文中的错误,就必须对原文本及其内容进行修正,才能表现出一种背离,而修正则是一种解

---

① 迈克尔·斯科特(Michael Scot,1175—1235),苏格兰学者和数学家,曾将亚里士多德的著作从阿拉伯语和希伯来语翻译成拉丁语。

释行为,此处的推测以作者对阿维罗伊哲学的理解为基础。

分析译文需要考虑的第二个因素是对等概念,即译文与原文之间的关系,它是判断译文是否正确的标准。这种关系通常规定了译者作品所关注的文本单位或划分。翻译单位可以是单个的单词,也可以是句子、段落、章节,甚至整个文本。将这些部分作为翻译单位,会影响译者对特定词语和短语的翻译。卡森和她的多个撰稿人,仅仅通过选择词典的体裁,就把单词作为他们的单位,并假定译者必须保持译文和原文本之间逐字对应的含义。然而,因为单位是文本的形式划分,任何一个单位都允许译者保持某种语义对应,无论意义是直译的还是意译的,明确的还是模棱两可的。例如,一位诗歌译者可能会以诗行作为翻译单位,选择单词,使音节产生一定的韵律或节奏,一种可能伴随意义交流的声音效果。埃兹拉·庞德(Ezra Pound)称这种实践翻译出了诗句"如歌般"(cantabile)或像歌一样的价值。[39]

阿维罗伊的拉丁语翻译采用了什么对等概念?由于缺乏阿拉伯语来源,这个问题无法得到任何肯定的回答。这位法国作者只发现了一个错误,这表明,在他们看来,译者对阿拉伯语的了解不仅仅是略知一二,而是试图在整个过程中保持语义一致。看似错误的东西,是否真的是一个经过深思熟虑的选择,且反映出一种超越文字本身的翻译单位呢?中世纪的诸种做法构建了译文和原文本之间的多种关系,其中一些关系比今天盛行的、严格的逐字对等要自由得多。桑德拉·罗吉叶[①]在她名为"翻译"(To Translate)的词条中恰恰阐述了这一点。她指出,从现代的角度考虑中世纪的做法会是"误导性的"。[40]

翻译分析的第三个因素是引入准则或主题,以便将翻译作为一种解释进行

---

① 桑德拉·罗吉叶(Sandra Laugier),法国巴黎第一大学哲学教授,法国大学研究所高级成员。

评估。确定原文本、使用对等概念、引入准则，这些步骤通常在分析过程中一次性完成，确定译者的准确性、不准确性或彻底的错误。法国作家的准则，是他们自己对阿维罗伊纯理性论的解释，他们用这个智力概念来批评拉丁语翻译和让·德·让顿对这位哲学家思想的理解。但在这一准则的背后还有另一种准则，即一种基本的后结构主义或后人文主义话语，其不可避免地强调了相反的概念，比如自主的、先验的主体——并将它们视为错误。就像他们的现代等值概念一样，两位作者似乎又一次做出了不合时宜的举动：他们在中世纪的文本中强加了当代法国哲学的糟粕（a bête noire）。

任何对误译的指控都会掩盖翻译分析的各个步骤，因为它假定了翻译的工具模式。此处**翻译**意味着重现一个语义不变量，一个基本的、不变的含义，这个含义被认为是阿维罗伊的阿拉伯语文本中固有的，但拉丁语译者和让·德·让顿都没能再现。让是巴黎大学文学院中学识渊博的专家。他提出了一种既属于亚里士多德学派又属于阿维罗伊学派的纯理性论，就像阿维罗伊自己的哲学引发了托马斯·阿奎那①的批评一样。思想史学家认为，让·德·让顿给亚里士多德传统赋予了奥古斯丁的色彩，尤其是在他读了阿维罗伊的评论文章后。[41] 让像他之前的拉丁语译者一样，提供了一个真正的解释，在阿维罗伊作品中刻画了一个明显的基督教的个人主体性概念。但是，作为卡森字典词条的基础，工具主义把这种解释的可能性简化为语言错误。

工具主义对翻译的理解在概念上是贫乏的。一方面，它将译文从赋予其解释行为意义的文化情境和历史时刻中剥离出来。另一方面，它依靠分析技巧，用相互矛盾的解释，把翻译文本置于一个永恒的、普遍的领域，在这个领域中，正误判断被召唤出来主持公道。正如这些观点所暗示的，我的论述

---

① 托马斯·阿奎那（Thomas Aquinas, 1225—1274），中世纪经院哲学的哲学家、神学家。他把理性引进神学，用"自然法则"来论证"君权神授"说，是自然神学最早的提倡者之一，也是托马斯哲学学派的创立者。

假设是对欧陆哲学中自主的、先验的主体的批判。但是，在没有记录任何历史差异的情况下，将这种批评偷偷带入中世纪翻译的分析中，就是把过去变成一面镜子，映照着分析者自己对知识的痴迷。我们可以不要这种形式的文化自恋。

美国制造

卡森词典的英文版本加剧了而不是解决了它的问题。编辑们请人编写了大约20篇新作品，作为独立词条分发，或作为译自法语文本的词条框插入。大多数新增内容并没有过多关注翻译问题，还有些完全没关注。当它们被采用时，翻译的工具模式就开始发挥作用，带来一片混乱。

安东尼·维德勒（Anthony Vidler）用 chôra（可以被定义为"土地""地方""空间"或"房间"）的大部分词条，都是为了详细地解释柏拉图的《蒂迈欧篇》》[①] [42] 中的"特殊意义"和"相应的模糊性"。尽管没有考虑到弗朗西斯·康福德[②] 的翻译风格如何影响了维德勒的表述，但维德勒完全依赖于康福德1937年带有评注的译文[③]。相反，他断言"在随后的重读和重新解释中，柏拉图的'廓落'[④] 会被过度简化（亚里士多德）和过度解释（克里西普斯、普罗克洛斯）"[43]。有了这个论断，维德勒可以声称他自己基于康福德的解释是正确

[①] 《蒂迈欧篇》（*Timaeus*），为柏拉图的晚期著作，是柏拉图思想的一篇重要文献。这篇对话提出了两个重要的概念：作为事物材料来源的载体，以及为事物提供形式结构的理型。

[②] 弗朗西斯·康福德（Francis Cornford，1874—1943），英国古典学者和翻译家，以研究古代哲学，特别是柏拉图、巴曼尼得斯、修昔底德和古希腊宗教而闻名。他是当代研究柏拉图的权威之一。

[③] 弗朗西斯·康福德为柏拉图的《蒂迈欧篇》撰写了《柏拉图〈蒂迈欧〉译注》。

[④] 廓落（chôra），这一概念出自柏拉图的《蒂迈欧篇》。柏拉图视廓落为理型（model）和承受理型之印记的生成（becoming）这两者之外的、反作用于这两者的第三个东西。对他来说，廓落是一切生成之母。

的，同时把后来的希腊哲学扔进了错误的垃圾桶。该词条随后总结了雅克·德里达（Jacques Derrida）对这个词的评论，以及它给翻译带来的困难，结论是"因此，为'廓落'提出 le mot juste（中文含义为'准确的词'）是不可能的；与其错误地将其简化为一个名称或本质，不如将其理解为一个结构"[44]。然而，只有将术语还原到一个自柏拉图以来不变的基本含义，维德勒才能确定哪些解释或译文符合"过度简化"和"过度解释"的标准。

有时候，一个以英语为母语的撰稿人似乎比他的法国同事在批评译文时更大胆。本·卡夫卡[①]在"（沟通的）媒体/媒介"词条中，将弗洛伊德一段话的两个不同版本并列在一起，在这段话中，"词"［Worte］被称为 Vermittler（可以翻译为"调解人""中介"和"经纪人"）。卡夫卡拒绝让·拉普朗什[②]的法语译法 les instruments，而十分偏爱詹姆斯·斯特雷奇[③]的 media。为什么？卡夫卡打趣道，"因为它的效果非常好，也许比原版还好"。的确，一旦他开始证明自己的选择是正确的，他的判断就不再依赖于"原作者"，而是取决于"哪个术语更容易理解弗洛伊德的说法"。当然，这是根据卡夫卡对这一说法的解释。在德语原文和英语译文之间，出现了第三个范畴，即卡夫卡自己对德语的理解，并在此基础上选择一种特定的翻译，即使是以破坏原文本为代价。像拉普朗什这样有成就的精神分析理论家，毫无疑问可以根据他自己对弗洛伊德的解释来证明他对 Vermittler 的诠释是合理的。要在两种不同语言的翻译之间作出判断，难道我们不应该考虑它们是在何时何地被创造的吗？或者，卡夫卡寄希望于作为全球通用语言的英语，它是否抢占了原本属于法语译文的优待呢？

有趣的是，多语言语境因卡森词典的翻译而得到强化，但也暴露了法语和

---

① 本·卡夫卡（Ben Kafka），精神分析学家和心理治疗师。
② 让·拉普朗什（Jean Laplanche，1924—2012），法国精神分析学家。
③ 詹姆斯·斯特雷奇（James Strachey，1887—1967），记者、精神分析学家、翻译家。

英语两种投稿的局限性。例如，阿兰·庞斯（Alain Pons）的 Sprezzatura 词条，这是 1528 年意大利伯爵巴尔达萨雷·卡斯蒂廖内（Baldassare Castiglione）为朝臣特有的优雅所创造的新词，只考虑了法语译文。然而，熟悉欧洲文艺复兴文学的读者会注意到，庞斯忽略了托马斯·霍比爵士[①]1561 年的英文版 reckless（鲁莽）一词，该词隐含了对宫廷行为的谴责，从而错过了一个具有启发性的案例。[47] 出于同样的原因，苏珊·沃尔夫森[②]关于 fancy（幻想）与 imagination（想象）的区别只引用了英国浪漫主义作家的观点，并剥离了他们在德国哲学传统中的系谱术语。虽然她提到了柯勒律治[③]是如何解释它们的，但当时被沃尔夫森的专业所吸引的读者，丝毫没有发现柯勒律治将他的思想与约翰内斯·尼古拉斯·特滕斯[④]、康德和费希特联系在一起的迹象。[48] 撰稿人用的语言似乎限制了他们的论述。

卡森英语词典最显著的方面是编辑们努力将法语文本同化为当前比较文学中重要的正统观念，因为它在美国已经被制度化了。值得一提的是，欧洲哲学话语的结构产生了后结构主义、后殖民理论和酷儿理论。阿普特在序言中明确指出这一点："我们感到必须要填补一些特定的缺口，特别是那些与'理论'有关的缺口，即以英语为母语的人对这个术语的学术理解。"[49] 因此，几位著名的理论家受邀提供了他们自己的工作总结，包括朱迪斯·巴特勒[⑤]的"性别与性别

[①] 托马斯·霍比爵士（Sir Thomas Hoby, 1530—1566），外交官、译者。霍比的翻译在英国产生了巨大的影响，不仅影响了宫廷生活的社会模式，而且影响了莎士比亚和菲利普·西德尼爵士等作家。

[②] 苏珊·沃尔夫森（Susan Wolfson），美国学者、评论家。

[③] 柯勒律治（Samuel Taylor Coleridge, 1772—1834），英国诗人、文评家，英国浪漫主义文学的奠基人之一。

[④] 约翰内斯·尼古拉斯·特滕斯（Johannes Nikolaus Tetens, 1736—1807），德国心理学家、数学家、经济学家、教育家和经验主义哲学家，对伊曼努尔·康德的著作有很大影响。

[⑤] 朱迪斯·巴特勒（Judith Butler，生于 1956 年），耶鲁大学哲学博士，加州大学伯克利分校修辞与比较文学系教授。

问题",佳亚特里·斯皮瓦克[①]的"行星论",以及罗伯特·杨[②]的"殖民地与帝国"。其他在美国取得卓越成就的理论家,如本雅明(Walter Benjamin)、吉奥乔·阿甘本[③]和阿兰·巴迪欧[④],在英语版本中发挥的作用比在法语原文中更大。这种以英语为中心的说法产生了一些罕见的现象,比如,由法国驻华盛顿大使馆的大学合作专员埃米莉安·鲍奈特–努瓦耶塔(Émilienne Baneth-Nouailhetas)写的"后殖民,后殖民主义"条目,只引用了英语为母语的理论家。你可能会想,这里是谁在殖民谁?英文版本驯化了卡森的项目,从而引出这样一个问题:这个结果是否更像是学术上的过度自省。这种与外国的接触并没有让美国国内机构面临考验:它是对目前主导美国学术界文学研究的理论和批评话语的推崇,而不是质疑。

当卡森字典从学术机构转移到大众场所时会发生什么?它仅仅是为了大众消费而普及的吗?《出版人周刊》(*Publishers Weekly*)、《赫芬顿邮报》(*The Huffington Post*)和《当代世界文学》(*World Literature Today*)[50]等网站上有关该书的文章提出了这些问题。这些文章由合作编辑迈克尔·伍德撰写,显然是为了支持英文版本的出版,不仅是一种推广策略,甚至还是详细阐述具体词条的应用程序。由于这些杂志的读者总数达到了数百万,所以任何有关卡森观点的阐述都可以塑造人们普遍持有的翻译概念。当然,在以英语为母语的文化中,任何引发翻译对话的项目都可能受到欢迎,因为在这些文化中,很少有作品被译出(占年度图书总产量的2%到4%),而且很少有人注意到这

[①] 佳亚特里·斯皮瓦克(Gayatri Spivak,生于1942年),文学理论家和文化批评家,西方后殖民理论思潮的主要代表。

[②] 罗伯特·杨(Robert J. C. Young),美国纽约大学英语与比较文学朱利叶斯·西尔弗教授。

[③] 吉奥乔·阿甘本(Giorgio Agamben,生于1942年),意大利维罗纳大学美学教授,并于巴黎国际哲学学院教授哲学。

[④] 阿兰·巴迪欧(Alain Badiou,生于1937年),法国作家、哲学家。

些作品。[51] 然而，如果卡森的词典成为话题的主要来源，翻译的边缘地位将会持续存在，无法改变，甚至可能恶化。

伍德关于"翻译里尔克[①]"的文章证实了这种印象。文章的开头写道："没有哪部文学作品比里尔克的作品更符合芭芭拉·卡森对不可译性的定义。"[52] 对伍德来说，里尔克的作品是不可译的，因为它一直在被重译成英语。从20世纪30年代开始，选集、全集和文集汇编的数量迅速增长，目前已超过100本，里尔克成为英译本作品最多的现代诗人。[53]

当伍德试图解释不停重译的原因时，他提出了一个警告："我们不要触及那些不可言喻的东西，就是那些在里尔克的语言中隐藏着的、在其他任何地方都找不到的神秘概念。"[54] 虽然在考察了第一部《杜伊诺哀歌》（Duino Elegy）中相同诗句的多个版本后，他的收获确实不太多："每个人，"他评论道，"尊重词序"，"每个人都把 Dasein 翻译为'existence'（存在）"[55]，但值得称赞的是，他将自己的讨论建立在实际翻译的基础上。换句话说，他发现，尽管重译的数量巨大，但在策略甚至词汇和句法上都没有太大区别。他把这一事实作为不可译性的证据，但在这样做的时候，他忽略了先前的警告，而转向了不可言说的内容："我们开始察觉到一些令人失望的翻译，我们坚持下去的原因，不是为了寻找一个最终版本或更好的版本，而是为了寻找其他的东西，一种更接近于分享无法分享的东西。"[56]

那么，"在译作中，什么是不能分享的"？这句话正好把里尔克的德语文本变成了一个神秘的秘密。为什么伍德的叙述会陷入矛盾，而不是变得更加深刻和具有启发性？为什么他不坦率地陈述一个显而易见的事实，即重新翻译并不会证明它们的存在就是合理的，且它们之间的最小偏差说明了那些无

---

① 莱纳·玛利亚·里尔克（Rainer Maria Rilke, 1875—1926），奥地利诗人，代表作有《祈祷书》等。

说服力又无条理的解释，这让人们质疑以英语为母语的人是否需要一个又一个的版本呢？[57]

如果承认上述问题，就需要伍德把目光投向别处，远离里尔克的诗歌——这本身显然无法解释反复重译的原因——而转向翻译文化，因为在翻译文化中，文学传统和价值观总是决定着翻译文本的选择。有人可能会说，事实证明，有着英语国家文学品味的人无法抗拒里尔克诗歌的诱惑，因为从20世纪初开始，英国和北美的诗歌就被一种迟来的浪漫主义所主导，这种浪漫主义与里尔克的形式和主题有些相似，归根到底，诗歌应该唤起不可言喻的情感。例如，在1923年的一封信中，里尔克解释说，他的写作目的是"尽可能地纠正曾夺走我们秘密的旧日压迫"，包括"生命本身"的"强大"："如果一个人不承认生活有时的可怕，甚至偶尔赞美它，他就永远无法完全掌握生活那不可言喻的威信。"[57]

然而，在追随卡森的过程中，伍德只强调翻译构建了与原文的关系，而忽略了翻译与文化的关系，这也是最重要的关系。后者出现在他对译文反复表达的不满中："我们不应该在这里寻找更有创造性的东西吗？"；"在翻译第四部《杜伊诺哀歌》的结尾部分时，也出现了类似的困难和不足"；"我们都知道einsehen是'理解'的意思，但为什么不能翻译得更好呢？"；"最后一次尝试似乎是错的。"[58] 但是，无论是一首好诗的某个概念，还是对德语文本的固有解释（可能两者都有），这种表达都意味着应用了一种尚未阐明的判断标准。因此伍德的论述说明卡森的项目是工具主义的，它暗示了一种形式或语义上的不变量，但从未明确表达出来（又是不可言喻的），而想通过英译本了解里尔克的读者最终只会得到伍德的个人喜好："在我看来，它确实不那么扭曲了"；"就连'站立'（stehn）这个词对我来说也有一种奇怪的歧义"；"在这种语境下，我喜欢用'告别'（farewell）这个词。"[59] 不可译性的概念成为了伍德研究重译的绊脚石，它将其锁定在译文和原文本之间的一种相当过时的比较中，这就预先阻止了一种更自觉的、能避免自我关注（self-regard）的分析。

冲浪词的不可译性

无论是卡森的法语词典，还是英语词典，都是内容极其丰富的欧洲哲学传统的概要。但读者应该怀疑她关于不可译性的观点。不幸的是，阿普特的《反对世界文学》将其提升为一种方法论原则，其结果似乎受到了误导。依靠卡森的词典，不仅会限制阿普特在法国哲学话语中的解释；也冒着让比较文学倒退的风险，倒退回欧洲中心主义，毕竟在过去，该主义正是比较文学的特点。除了阿拉伯语和希伯来语，只有欧洲语言包含了卡森和她的撰稿人无法翻译的内容。（英文版本从她的标题中删除了"欧洲"这个词，以此来掩盖词典的这一点。）此外，阿普特研究具体案例时，翻译得非常流畅，所以她对世界文学支持者的批评无疑也适用于她自己的作品。

她的那一章很有代表性，是关于两个她认为不可译的葡萄牙语单词 fado 和 saudade。文章开头就是这两个词的翻译，前者是"melancholia, pleasure, ecstasy"（忧郁、快乐、狂喜），后者是"nostalgia, moral ambiguity"（怀旧、道德模糊感）。[60] 但是，对于阿普特来说，不可译并不意味着无法翻译，而是意味着重复地、不断地翻译，所以，她只是把英语放在括号里，不加评论，好像这并不重要似的。然后，她开始了自己感兴趣的翻译，在不同的文本之间迅速切换。在这个文本中，saudade 是"关键词"（fado 消失了）。其中包括当代葡萄牙作家安东尼奥·罗布·安图内斯（António Lobo Antunes）的小说、卡森词典中的葡萄牙语词条、兰波（Rimbaud）的《醉舟》[①]（The Drunken Boat）、福

---

① 《醉舟》（Le Bateau ivre）为阿尔蒂尔·兰波写的一首诗歌，是前期象征主义诗歌的代表作之一。

楼拜（Flaubert）的《包法利夫人》(*Madame Bovary*)、意大利小说家安东尼奥·塔布齐（Antonio Tabucchi）的《安魂曲》(*Requiem: A Hallucination*)、奥尔罕·帕慕克的《伊斯坦布尔》(*Istanbul*)、费尔南多·佩索阿（Fernando Pessoa）的《惶然录》(*Book of Disquiet*)，最后是法国哲学家昆汀·梅亚苏（Quentin Meillassoux）的"超限性"（transfinitude）概念，成为了葡萄牙语不可译的终极含义。一种最初似乎是本地的解释，通过安图内斯的小说将这些词与葡萄牙的历史和政治联系起来，然后通过合并更广泛的参考范围来扩展，结果证明是完全简化的：阿普特将文本从它们的传统、情境和时刻中删除，在英文译文中引用它们，但没有对这些译文进行评论（除了塞缪尔·贝克特翻译的著名诗歌《醉舟》带来的"萨乌达德①效应"），最后把所有东西都归为一个概念。[61] 阿普特偶尔会插入一些刻意而为的限定词，例如"萨乌达德在这里可能变得过于宽泛"或"尽管这样的译文可能很糟糕"，但这些评论从未暴露出文学作品被肤浅对待的想法。[62]

阿普特从卡森词典中学到了工具主义那些令人怀疑的效果，而有好几章的内容表明她的论述加深了该效果。阿普特将不可译定义为"一个不朽或不肯妥协的含义核心，并引发无穷无尽的译文以回应其独异性（singularity）"[63]。然而，如果含义是"不朽的或不肯妥协的"，我们面对的就是一种不变的解释，而非可变的解释。她表明语义本质主义导致了误译的判断，但这有利于她自己的解释。因此，她将自己的任务描述为"衡量译作的变形、重组和差异（décalages）"[64]。这种描述可以归结为一种古老的翻译理念：它通过原始完整性的浪漫主义概念——衡量"变形"的手段——来定义和优先考虑原文本，从而贬低翻译破坏或玷污了其完整性，并将翻译视为长久的但不够充分的妥协。每当"妥协"的

---

① 萨乌达德（saudade），是一个葡萄牙语单词，描述一个人的怀旧、乡愁情绪并且表达对已经失去并喜爱的某事或某人的渴望的词语。它经常带有一种宿命论者的口吻和被压抑了的感情，事实则可能是渴望的事物可能永远不会真正归来。

概念被用来描述翻译时，工具主义就起作用了：假设存在原文本不变量，译文可以近似但不能复制它，也就是阿普特的例子中"独异性"的概念。

　　承认翻译经常面临不可通约性是一回事，把由此产生的译文称为"变形"又是另一回事。翻译是通过在不同于原文本的语言和文化中建立解释语境来实现的。因此，在翻译时，原文本就变成了多种且相互冲突的解释场所——即使每个词译者都要查阅词典（事实上，词典可以增加这种可能性）。看看《圣经》的翻译史，或者看看伟大的现代主义作家弗兰兹·卡夫卡（Franz Kafka）和马塞尔·普鲁斯特（Marcel Proust）、托马斯·曼（Thomas Mann）和伊塔洛·斯韦沃（Italo Svevo）的重译史。将一种解释凌驾于其他解释之上，需要正当的理由，这种正当理由相当于另一种解释行为，而这种解释行为的说服力，如同每一种解释一样，都取决于它所依据的制度条件。正是这些条件触发了翻译，而不是原文本本身或它的"独异性"。尤其是学术机构的阅读需求和文献规定，允许某些解释而排斥其他解释，倾向于维持现有的译本，并将那些反对它的译本边缘化。当然，除非他们促成了新共识的出现。因为阿普特的不可译性概念是本质主义的，它无法解释翻译的耦合无序（contingencies）。她认为只有一种译本值得她持续关注，就是1886年爱琳娜·马克思·艾威林[①]出版的英文版《包法利夫人》。这并不奇怪，然而，对它的分析并不令人信服。

　　阿普特使用与卡森词典相同的翻译单位，但只讨论了爱琳娜·马克思版本中的几个词（奇怪的是，没有一个词是不可译的）。她称赞爱琳娜选择wealth（财富）而不是riches（钱财）来翻译福楼拜的la richesse一词，因为wealth（财富）反映了她父亲卡尔·马克思的思想，"仿佛爱琳娜·马克思有意不让英语读者忘记奢侈品……是精心打扮过的货币，会变得冷酷无情，最后凝固成了资

---

　　① 爱琳娜·马克思·艾威林（Eleanor Marx Aveling, 1855—1898），马克思的三女儿，著名翻译家和活动家，国际工人运动的优秀活动家。

本。"[65]诚然,"财富"一词出现在亚当·斯密(Adam Smith)的著名论文中,而卡尔·马克思试图对其提出质疑。但是,如果这个词在19世纪晚期表示某些理论上特定的经济或政治意义,它就不会出现在《牛津英语词典》(*Oxford English Dictionary*)中,在该词典中,wealth(财富)和 riches(钱财)是同义词。1976年雷蒙德·威廉姆斯①的《关键词》(*Keywords*)中有一个关于"财富"的有用词条。他注意到,在14世纪,财富被称为"让我们永远富有"[66]时,其"现代意义已经足够清晰"。即使"财富"一词确实带有马克思主义批判的意味,译者是否会合理地把它用在爱玛·包法利②身上,她的观点似乎支配了使用这个词的段落,即对沃比萨宴会③的描述?不,"财富",如果它在概念上不那么复杂,甚至还略带诗意的话,会更适合爱玛天真的浪漫主义。如果译者把 la richesse 翻译成"资本"(capital),那么这个译文可能被称为马克思主义。但是阿普特并没有考虑这些问题,而且她没有提供任何证据来解释她为何要翻译成"财富"。

为了理解爱琳娜·马克思的译文,显然需要考虑的不止一个词。我们可以通过研究她在叙事中对重要情节的处理,分析她的选词在观点和人物塑造上有怎样的细微差别,来了解更多关于她的特定解读。从这些段落中,我们不仅可以推断出她在翻译中运用的对等概念,还可以推断出她在塑造人物及其行为时可能采用的价值观、信仰和社会表征。译者解释的这些因素,我更喜欢将之称

---

① 雷蒙德·威廉姆斯(Raymond Williams, 1921—1988),威尔士学者、小说家和评论家,20世纪中叶英语世界最重要的马克思主义文化批评家,文化研究的重要奠基人之一。

② 爱玛·包法利(Emma Bovary)是福楼拜《包法利夫人》一书中的女主人公。爱玛·包法利的心中充满着渴望,渴望能得到小说中的浪漫爱情,渴望能过上纸醉金迷的巴黎生活,渴望能摆脱令她窒息的现实生活。但她却从未意识到自己本是平庸之辈,她并未选择靠自身的努力去改变这一切,而是任由虚荣心作祟,在商人勒乐的蛊惑之下逐渐债台高筑,选择了一条万劫不复的不归之路。

③ 沃比萨宴会(Vaubyessard ball)是指在《包法利夫人》中包法利夫妇参加的一场宴会。

为"**解释项**",既有形式上的,也有主题上的。只有与分析者对法语文本的解释相比较时才能阐明,而后者又成为指出一致性和差异性的方法。通过将爱琳娜·马克思的策略与维多利亚时代的散文体小说的翻译实践相联系,我们可以学到更多东西。目的不是把她的译文看作是原创作品,而是把它作为文本进行分析,在特定的历史时刻介入特定的文化情境,因此相对独立于其翻译的原文本。赋予译文以历史意义,使它有别于现在的译文,其差别也标志着分析者在有时限的解释和方法上要受到的局限性。只有这样的分析才能提供令人信服的证据,证明爱琳娜·马克思作品的社会意义,以及阿普特想要在其中找到的意识形态方面的选择。

阿普特认为,爱琳娜·马克思对她的翻译与实践所作的简短的序言评论"让我们瞥见了一种从等价、交换、项目和信贷的先验资本主义逻辑中释放出来的劳动语言"[67]。她引用了爱琳娜·马克思的大部分评论,认为只要译者自称是"尽职尽责的工作者"就足以支撑她读下去,而爱琳娜·马克思是一名专业的译者,有坚定的政治立场,以翻译为生。[68] 鉴于在她那个时代译者的报酬普遍较低,即使是像《包法利夫人》这样路人皆知的小说,她的劳动给她带来的收益也可能远低于出版商的投资回报。我们不知道爱琳娜·马克思在 1886 年的报酬是多少,但俄罗斯翻译家康斯坦斯·迦内特(Constance Garnett)在 1894 年出版了 283 页的冈察洛夫(Goncharov)的《平凡的故事》(*A Common Story*)时只拿到了 40 英镑的报酬,当时伦敦一套没有家具的公寓可能需要一名中产阶级职业女性每年支付 24 英镑(两间房)到 69 英镑(四间房)不等的租金。[69] 人文翻译在英语文化中仍然无法获得足以糊口的工资,这一事实使得阿普特呼吁译者"放低"自己的作品不是一种"激进"的策略,而是向剥削性著作权法和出版合同彻底投降。

更可惜的是,阿普特对爱琳娜·马克思评论的引用是不完整的。在爱琳娜·马克思描述她的译文"忠实"并表示她"既没有删减也没有添加一行或一个词"之后，阿普特省略了一段展现爱琳娜·马克思对等值观痴迷的段落：

> 我知道，我常常找不到最合适的词来表达我所理解的福楼拜的意思；但是凡是研究过他的人就会明白，任何人都不可能准确再现这位大师独一无二的风格。他花了"好几天的时间只为找一个词"。结果，他总是用一个词来充分表达他的意思。我们可以搜索所有的利特雷词典，但找不到其他这么合适的；然而，虽然感觉它很合适，但我们可能无法在另一种语言中给出完全相同的表达。[71]

爱琳娜·马克思提出了一种工具主义的翻译模型：作者的意图在文本中得到了"充分"表达，译者的工作就是将其再现。然而，这种模型，加上她对"大师"的崇拜，只能浇灭效仿福楼拜风格所必需的灵感火花。无论是在实质上她被剥削的劳动力，还是比喻成她在翻译中努力创造的等效形式，即一词交换一词的经济制度，她的前言和她的实践不仅没有脱离资本主义逻辑，相反与其紧密联系在一起。通过将翻译福楼拜的不可能性与"那些研究过他的人"联系起来，爱琳娜·马克思无意中掩盖了她的工具主义：她的看法表明，翻译是解释学的，依赖于独立表达的评注，即使译文铭刻了自己的解释。

理论 vs 实践？

阿普特并没有通过文本分析和历史研究来论证，就直接断言她对爱琳娜·马克思译文的看法。这是纯粹的臆测，缺乏任何实证数据（empirical data）的基础，就连文本都罕有参考。这是理论主义的缩影，是以牺牲语言、文化和社会特异性（social specificity）为代价、对理论概念的盲目崇拜。事实上，阿普特只对理论感兴趣，对翻译不感兴趣。在摒弃了几个世纪以来的"翻译研究哲学",因为它指的是"专业实践"之后,她宣布,"我最感兴趣的是一些更尖锐的问题:将翻译视为一种哲学,或作为研究理论及其历史的一种方式,究竟意味着什么?"[72]

然而,阿普特优先考虑理论其实是历史的倒退。这标志着她还留恋20世纪80年代人文学科的"高级理论",因此,除了卡森,她认可的唯一"翻译哲学"是由"雅克·德里达、佳亚特里·斯皮瓦克、塞缪尔·韦伯[①]、芭芭拉·约翰逊[②]、阿卜杜勒法塔赫·基利托[③]和爱德华·格里桑[④]发展的理论"。[73]阿普特未经检验就投入到了这些"哲学"中,导致她并没有清晰地划分出理论和实践之间的区别,这也出现在许多译者和许多必须在研究和教学中使用译文的学者的评论中。他们都没有意识到,在翻译过程中,语言的选择必须建立在理论假设(theoretical assumptions)的基础上。因此,虽然翻译一本旅游指南或一家餐厅的菜单缺乏阿普特赞同的理论论述的权威,但是也可以成为一种研究理论的方式。然而,她的忠诚并不一致。她显然已经忘记了德里达的悖论,即"在某种意义上,没有什么是不可译的;但在另一种意义上,一切都是不可译的"。我们将在下一章中看到,工具主义对德里达的思想也曾经产生过潜移默化的影响。[74]

阿普特依赖当前批评中的正统观念,这导致尚未成熟的表述方式需要更详细的阐述才能说通,但是这些表述在理解译文方面似乎并不可靠。她粗略地参

---

① 塞缪尔·韦伯(Samuel Weber,生于1940年),美国哲学家,也是文学理论、哲学和精神分析学科的主要思想家之一。
② 芭芭拉·约翰逊(Barbara Johnson,1947—2009),美国著名文学批评家、翻译家,最先将德里达解构主义译介到美国的学者之一。
③ 阿卜杜勒法塔赫·基利托(Abdelfattah Kilito,生于1945年),摩洛哥著名作家、学者、评论家,穆罕默德五世大学的文学教授。
④ 爱德华·格里桑(Édouard Glissant,1928—2011),生于法属马提尼克省,是法国当代著名诗人、小说家、思想家、哲学家。

考了塞缪尔·韦伯对沃尔特·本雅明的 -abilities（能力）的考察。这位德国思想家习惯用后缀 -barkeit 把动词名词化来构建表示"可能"的概念，而不是"作为纯粹事实的现实性"，如 Übersetz-barkeit（可译性）一词。[75] 阿普特想创造一个术语 Unübersetz-barkeit，该术语意指那些阻碍翻译流畅性，但却能发挥批评能力的事物。[76]

然而，这个新造词是想暗示不可译的东西仅仅是可能存在的，而不是真实存在的吗？对翻译理论和实践来说，潜在的不可译性，难道不是无关紧要的（或无意义的）吗？impede（阻碍）一词似乎暗示了不可译性是真实存在的，从而降低了前文引用的韦伯研究的效力。另外，translational fluency（翻译流畅性）到底是什么意思呢？是否意味着，从原文到译文的转换过于肤浅或草率，也许对于接受语文化来说，这样的翻译过于同化？或者，它是否表明，经过翻译的文本的可读性强，立即能读懂，因此保留原文本中的一个单词（一个不可译的或只是未翻译的单词？）可能会影响可读性？又或者"翻译流畅性"包含了这两种可能的含义？无论如何，一个详尽的语境难道不足以赋予一个未翻译的单词以含义从而完成译文吗？此外，如何通过简单地保留原语言单词来实现"批判机能"呢？难道读者不需要把一套概念和程序带到阅读体验中，使该词产生特定的意义，解释它，或有效地将它翻译成批评话语（critical discourse）吗？阿普特不愿费心去回答这些问题。她极为重视理论，所以，她显然希望仅仅引用韦伯严谨的富有思辨性的讨论，并将其与自己的项目相联系，这样一来无须解释就能理解。结果，不仅阿普特从来没有把她的观点表达清楚，而且翻译的物质性也逐渐消失，取而代之的仅仅是一个抽象的概念而已。

最后，这个问题不应该让人感到意外，因为它也出现在韦伯对本雅明的研究中，尽管在他的论点中有所遗漏且前后矛盾。在将本雅明的 -ability 后缀作为一种哲学思考的手段时，韦伯将"可译性"理解为强调语言形式而非意义，

"一种方式,一种表示方式,而不是别的什么",因此"决定功能"属于"句法而非语义",但"直译"或"逐行"翻译紧密结合原文本的句法特征,成为实现各种表示方式的策略,而这些表示方式又由"纯语言"或"象征主义本身的运动"(the movement of symbolization itself)"构成。然而,关于本雅明的"纯语言",之前的评论人实际上对其意义存在分歧,他们揭示了本雅明处理这一概念时的不确定性:它被认为是"回归人类言语的亚当一致性(the Adamic unison)",即"一个乌托邦式的时刻,在这个时刻,所有的言语都直接指向意义",或者是"巴别式事件",即"语言之所以成为语言、话语,或语言本身,这种没有任何自我同一性的统一,会导致存在很多语言,并且它们都属于语言"[78]。一方面,"纯语言"是卡巴拉的神秘主义;另一方面,这相当于德里达的解构主义。韦伯在支持第二种解读的同时压制了这种不确定性,将可译性解释为"一种关系动态(relational dynamic),它并不是自我同一性的,而是永远处于改变、转化、生成他者(becoming-other)的过程中"[79]。然而,译文的物质性再次面临着在抽象哲学中消失的风险。为了避免这种情况,我想提出一个更实际的问题:在韦伯的解释中,翻译的意义会发生什么变化?

他自己提出了这个问题。根据韦伯的说法,"翻译完全忽略了原文的含义,这种说法真是令人难以想象"。所以,他解释说,直译"涉及原文和译文中各种可能的含义的相互作用",导致"不是单一的含义,而是不同的含义"。这种语义扩散的现象揭示了本雅明通过-ability后缀构建的概念"指的是雅克·德里达1988年在《有限公司》(Limited Inc.)中所写的准概念'可重复性',又称为'结构可能性',其必要性不依赖于实际事实或潜在事物"。[81]

但如果可译性是可重复性(iterality)的一种情况,那么,不仅仅是直译,任何翻译,都将释放或表现出语言的这一特征。由于翻译将原文本重新置于不同的语言和文化背景中,因此改变了文本的形式和意义,改变了它在原语言和文化中所具有的意义。事实上，德里达用翻译说明了可重复性。埃德蒙德·胡塞尔[①]使用的表述方式，"绿色是或"（oder），是《逻辑研究》（*Logical Investigations*, 1900—1901）构建的"定向语境领域"中无语法性（agrammaticality）的一个例子，包括德语，在翻译成法语时会获得语法性："（草的）绿色去哪了（le vert est où）"[82]？因为，正如德里达所观察到的，表意链（signifying chain）"可以抛弃每一个特定语境，并以一种完全不饱和的方式产生无限新的语境"，一个文本可以支持许多不同的解释和许多不同的译文。[83] 韦伯将可译性称为"结构可能性"（structural possibilities）或"意义差异"（a difference of meanings）时，他是否真的考虑到了这一点？如果是这样，为什么哈利·佐恩翻译了本雅明的作品《译者的任务》（*The Task of the Translator*）后，他一再挑剔这一译本呢？韦伯难道不应该承认，由于可重复性，德语文本可以支持"不同的可能意义"吗？

然而，当韦伯开始阐述可译性时，他认为佐恩的翻译是不充分的：

> 首先，"可译性"被定义为一种作用，这种作用能够"连接生命"（Zusammenhang des Lebens）。其次，这种联系不是用"生命"这种术语来描述的，而是用本雅明所说的生者（das Lebendige）来描述的。当然，这在翻译中往往会被抹去（尽管它很容易被保留下来）："正如生活的话语［Äußerungen］与生者［而不是"生命现象"］联系得最密切，但没有任何意义，所以翻译源自原文。与其说是来自它的生命，不如说是来自它的'来世'"。本雅明所使用德语的特点，以及在英语翻译中同样容易丢掉的东西，是出发、离开的关键运动，是一种向外移动并远去的运动。实际上，在已出版的版本中，这个只被翻译为"现象"的词，是字面上

---

① 埃德蒙德·胡塞尔（Edmund Husserl, 1859—1938），德国哲学家，现象学的奠基人。

第一章 劫持翻译

根据前缀 out-（aus）以及形容词或副词 außer（意思是"之外""除外"）构成的。[84]

韦伯继续批评佐恩的译文，但已有足够多的引用表明在那个版本中，严格地说"倾向于被抹去"或"丢失"的并不是本雅明的含义，而是韦伯对该含义的解释。佐恩确实保持着与德语的语义对应；他只是运用了一种不同的对等概念，不那么注重单词及其句法特征的"字面意义"，他还提出了一种不同的解释，这种解释可能值得从其本身进行研究（例如，他插入的"现象"一词是否反映了一种康德式的话语？），但这显然与韦伯的解释不一致。

因为事实是他们的解释不可能一致。佐恩是一名维也纳的流亡者，在1951年获得了哈佛大学的德语博士学位，并成为布兰迪斯大学的德语教师。20世纪60年代中期，他正在翻译本雅明的作品，而正如卡洛·萨尔扎尼[①]所说，韦伯的方法是"寻找与当代解释实践的对应关系"，如解构主义等学术走向，因此韦伯运用了"一个预先建立的'理论'，即在它［本雅明的作品］之外的一种话语和语言，以便推举他为前辈"[85]。韦伯批评佐恩的翻译没有"保留"本雅明的含义，同时抛弃了可重复性的概念，并做出了工具主义的假设，即他的特定解释及其翻译都再现了德语文本中包含的语义不变量。韦伯需要确定一个含义，才能断言佐恩的译文偏离了该含义。但是，他认为这种确定不是临时的，即使根据韦伯的德里达方法，它突出了一个含义，但也只能是众多可能性中的一种。虽然佐恩没有任何批判性的自我意识，可以让他将德语文本转换成对自己知识兴趣的反思，但佐恩版的《译者的任务》实际上挑战了韦伯的解释，迫使韦伯公开自己对翻译采取的工具模型。然而，韦伯以纠正的名义驳回了佐恩

[①] 卡洛·萨尔扎尼（Carlo Salzani），奥地利维也纳大学梅塞利研究所客座学者。他的研究兴趣包括生物政治学、后人文主义和动物研究。

的观点,以此来回应这一挑战。

被破坏的政治行动

也许,阿普特的著作最可悲的后果就是滋长了最近困扰左翼思想的毒瘤。虽然她声称提供了一种翻译理论,相对于在比较文学和翻译研究中传播的理论,该理论代表了一种概念上和政治上的进步,但无论是在出版业、学术机构、离散社区和流亡者之中,还是在外交、被占领土和军事冲突中,她都没有对日常的翻译进行说明。她用了整整一章的篇幅来论述,如果用"越界"作为翻译的隐喻,则忽略了主权和领土被侵犯的"边境关卡"。[86] 这很有道理,但她只考虑艺术家、建筑师和作家的作品,且不可译性成为了在边境被阻止的隐喻。很多著作并未对庇护听证会和战争时期的翻译进行深入研究,如罗伯特·巴斯基(Robert Barsky)的《构建多产的他者》(*Constructing a Productive Other*,1994)和莫伊拉·因基莱里(Moira Inghilleri)的《解读正义》(*Interpreting Justice*,2012),以及维森特·拉斐尔(Vicente Rafael)关于伊拉克战争中口译员的文章。[87]

此处的不可译性不属于美学或哲学范畴,而是一系列与对立支持者之间的生存关系,会引发怀疑、侮辱和暴力。拉斐尔指出,在美国占领伊拉克期间,为美军担任阿拉伯语翻译的伊拉克人"成为了叛乱分子的目标,并受到大多数伊拉克人的辱骂",而对士兵来说,译员的"不可缺少[曾]是他们搞两面派的原因,使他们看起来像是潜在的叛乱分子"[88]。这种困境揭穿了"美国人认为翻译是一种单语同化,以及承诺民主交流和公平交换含义"[89]的谎言,而且会导致异化、毁灭和死亡。拉斐尔提出了一种类似于阿普特的不可译性概念:翻译"在于扩散和混淆可能存在的意义,因此不可能得出一个单一的含义"[90]。然而,我们脱离拉斐尔的叙述,重新意识到翻译在实现社会生活的乌托邦理想中扮演重要角色：我们可以在询问接受语文化情境的同时，把翻译作为一种解释行为来研究和实践，试图记录原文本及其文化的语言文化差异，从而选择质疑并避免任何同化的翻译观念。

阿普特诽谤翻译是可疑的，并以此阻止任何想要研究翻译政治的学者。可以肯定的是，翻译在推动当前的地缘政治经济方面发挥着重要的作用。被翻译到世界各地的多种形式和内容，包括了合同和专利、说明书和软件包、广告和品牌名称、电影和视频配音、畅销书和儿童文学、政治演讲和公共服务信息，以及印刷、电子和数字等各种媒介的新闻。然而，翻译也可以变成批判意识形态和抵制政治的场所，不仅针对跨国公司、金融机构和政府机构，也针对像文化刻板印象这样的各种意识形态，尽管这类干预的程度大小和成功与否主要取决于对许多代理人的教育，因为他们参与了翻译的创造、发行和接受。[91] 因此，宣扬不可译性的概念，不仅抹黑和排除了多种形式的翻译研究，如人文翻译、语用翻译和技术翻译，也抹黑和排斥了翻译所需的制度和经济条件，任何这类排斥都是从出现社会斗争的领域撤出来的，实际上就是放弃现状。在没有政治参与的情况下，选择原文本和发展语篇策略来翻译它们、把社会形式和实践作为干预点的策略选择，以及用相应的教学举措来支持翻译的理解和使用，那么一个不可译的概念会有什么样的意识形态力量呢？由于阿普特既没有考虑也没有提出这样的建议，她的评论仅限于理论上的推测，因此从最有利的角度来看，不可译的概念必定被视为政治上的幼稚思想。然而，最后，这是一种保守行为，除了支持当前学术的文学与文化研究中的批判性观念之外，似乎没有其他效果。

如果我们认识到，大规模抗议运动采取政治活动的形式很可能得到了各种翻译的支持和扩展，那么这种评估就会更有说服力。在与阿拉伯世界的抵抗和西班牙的"愤怒者运动"①等类似运动接触之后，紧接着，2011年9

---

① 愤怒者运动（Los Indignados）开始自2011年5月15日西班牙的58个城市。该系列抗议活动要求对西班牙政治做出激进变化，抗议者认为自己无法被任何传统政党代表。

月，纽约爆发了"占领华尔街"运动（OWS）。在祖科蒂公园创建的"人民图书馆"有多部译作，如斯特法纳·黑塞尔的《请愤怒吧！》和隐形委员会的《将临的起义》（The Coming Insurrection）[92]等。与此同时，一批不知疲倦的译员正在将 OWS 大会的英文文件翻译成 26 种语言，传播其目标和战略，有助于该运动走向全球。

然而，在"占领华尔街"运动之前，黑塞尔这本小册子《请愤怒吧！》的西班牙译本就对激发西班牙的政治运动起到了极其重要的作用。[93] 译本于 2011 年 2 月底出版，3 月出现了名为"真正的民主"（¡Democracia Real Ya!）基层组织，该组织于 5 月 15 日在马德里发起抗议活动，并迅速蔓延到其他城市。虽然西班牙语版本能从含义上引起共鸣，而且这种共鸣超过了黑塞尔的法语版本，但抗议者依然根据译本名字称自己为"愤怒者"（Los Indignados）。

法语标题使用第二人称复数祈使语气动词翻译成英语为"Get Indignant!"（愤怒吧！），这种语气表达了一个为集体主体（collective subject）构建立场的命令，也是一种抗议运动。正如马修·哈灵顿（Matthew Harrington）所观察到的，西班牙语版本与这个含义保持一致，但它也包含法语语音和语法上的变化。[94] 西班牙人省略了西班牙语中出现的元音之间的辅音 /d/，把黑塞尔使用的标准法语变得口语化和本地化，尤其是在安达卢西亚地区。他们还引入了语法歧义，因为 indignados/indignaos 可以被视为动词 indignar 的现在命令式（present imperative）或过去分词，或形容词形式［因此英语版本可能是 get indignant（感到愤怒）或 the indignant ones（愤怒的人们），即那些被激怒的人］[95]。于是，同一个词发出了用抗议表达愤慨的命令，并描述了一种对时间维度感到愤慨的状态，同时还可能包含历史叙事。哈灵顿解释了叙事可能发生的轨迹："曾经，佛朗哥独裁统治后，我们在一个民主的欧洲福利国家拥有了尊严和政治权利，但由于独裁形式的明显转变，我们经历了权利的集体丧失，即金融机构凭借货币拥有比政府更多的权力。"[96]

至于西班牙读者构想这种叙事的可能性，西班牙经济学家荷西·路易·桑贝德罗（José Luis Sampedro）已经在前言中表明了，并指出他的生活与黑塞尔的相似之处："我也出生于1917年。我也很愤怒。我也经历过战争。我也忍受过独裁统治。"[97] 桑贝德罗十分含蓄地提及西班牙内战和佛朗哥的法西斯主义，因为这位经济学家认为他的读者会立刻理解。黑塞尔小册子的西班牙译本在其标题中给出了解释，它构建了一个独特的西班牙政治主题，直接面向参与这项运动的公民。

即使翻译所传达的只是一种解释，一种可能的、相互矛盾的解释，政治行动也需要沟通和翻译。翻译仍然是建立共同基础的手段，即使这种基础因语言、文化和社会差异而出现裂痕，翻译也可以以记录和协商为目的。芭芭拉·卡森、艾米丽·阿普特和他们的同行们未能认识到这些观点的重要性，这表明了工具主义的翻译思维可能会产生严重的文化和政治后果，尤其是它支持不可译的概念时。这种思维倾向于将特定的解释判定为正确的翻译，从而限制了原文本所支持的含义、价值和功能的范围，将它们排除在审查和批评之外，维持其制度条件，因此压制了文化和社会变革的可能性。在美国学术界，有很多前提条件，包括英语和英语翻译在文学和文化研究所中所占的主导地位，包括世界文学课程，所以外语学习的重要性被减弱；作为精通外语的必要条件，翻译研究仍然处于边缘地位。对翻译的解释学理解可以帮助扭转这种情况，因为译文可以被理解为具有自己的意指过程（signifying processes）的文本，且与所翻译的文本相关但又不同。翻译在学术机构中的中心地位仍未得到充分承认，因此，它最终应当作为研究、教学和实践的对象，必须加以认真对待。

第二章　谚语的不可译性

为什么选择谚语？

套话（clichés），即反复使用、没有太多思考或新意的词和短语，自古以来就是理解和点评翻译的主要手段。套话可能采用二分法的形式，表明对立的翻译策略，例如"字对字"与"意对意"，这一策略在哲罗姆的第五部《书信集》（*Epistula LVII*）（公元 395 年）中得到了最具影响力的表述："non verbum e verbo, sed sensum exprimere de sensu"[1]（我不会逐字逐句翻译，而是根据它们的含义翻译）。在某些情况下，它可能发展成一个关于翻译的成熟谚语，无论对精英文化还是大众文化，无论对学者还是普通读者，都会认为这是一个精辟陈述，因此值得反复使用。这类流行语包括 "traduttore traditore"（译者即反叛者）和 "poetry is what gets lost in translation"（诗乃翻译中丢失的东西），这句通常被认为是罗伯特·弗罗斯特[①]的名言。然而，就连雅克·德里达的悖论 "Rein n'est intraduisible en un sens, mais en un autre sents tout est intraduisible"（在某种意义上，没有什么是不可译的；但从另一种意义上说，一切都是不可译的）现在也被多次使用，所以很有可能成为理论界的套话，话说回来，虽然这句话多被引用，但是很少受到德里达这样的哲学家推崇的那种批判性考察。[2]

刻板表达（formulaic expressions）在翻译评论中普遍存在的原因尚不清楚，

[①] 罗伯特·弗罗斯特（Robert Frost，1874—1963），20 世纪最受欢迎的美国诗人之一。代表作有《诗歌选集》《未选择的路》。

至少一开始并不清楚。毫无疑问，它们表明了机械记忆的思维方式。尽管概念的重复使用与其他实践有关，但在翻译中似乎经常出现这种情况，并使用这种消极的表达方式完成，致其继续处于边缘地位。换句话说，这种做法吸引了简化论，因为它被认为是简单化的或机械化的，缺乏创造性或概念上的复杂性，而这需要更复杂的解释。

但也许问题不在于死记硬背，而在于缺乏想法。乔治·斯坦纳①曾表示，虽然"关于翻译的理论、实践和历史的文献很多"，但事实是"这一学科中原创的、有意义的观点仍然很少……从西塞罗和昆体良那时候到今天，辩论中相同的论点、相似的动作和辩驳几乎无一例外地反复出现"[3]。如果我们按照斯坦纳对两千多年来翻译评论的评估，知识创新的完全缺失不仅导致了各种传统观念的出现，而且还导致了人们过度依赖传统观念。在没有新观念的情况下，刻板表达似乎已经获得了值得重述的解释力。

我认为这种说法具有误导性。斯坦纳对文学的评价不仅忽略了几个世纪以来翻译理论与实践之间的重大差异，而且也未能阐明翻译是如何被机械记忆的思维所主导的，以及依赖传统观念要解决什么问题。为了回答这些问题，我们必须向长期以来有关翻译的那些根深蒂固的假设发问，因为它们是谚语出现的深层原因。首先，这有助于将谚语作为一种体裁进行考察，其次，也有助于翻译时谚语能回归到原文语境中，毕竟它们是为了表达特定的思想以及达到特定的修辞目的。之前那些有关翻译真理的想法人们再熟悉不过了，所以，我们的目的是让它们变得陌生，展示它们如何限制了人们对翻译本质和作用的思考，并指明思考可以转向其他更有成效的方向。在整个过程中，我们会特别关注陈腐思维（clichéd thinking）和工具主义翻译模型之间的关系。

---

① 乔治·斯坦纳（George Steiner, 1929—2020），文学批评家，当代最杰出的知识分子之一，代表作有《巴别塔之后》。

以隐喻形式出现的谚语

谚语是一种因矛盾而分裂的样式（genre）。一方面，这一形式的结构通过简洁明了和多样化的重复，例如声学、词汇、句法等，来达到最大的修辞效果。尾韵、头韵、韵律规则和平行结构等语言特征产生了一种同时增强记忆力和说服力的效果：这些特征不仅有助于记忆，而且还精心设计了一种强有力的终结感，具备谚语的简洁性，给内容赋予真理的假象，使之家喻户晓、流传百世。因此，谚语的形式具有不变性。另一方面，它的内容兼具道德性与传播性：谚语在各种语境中被无限制地使用，扮演行为准则的角色，但这种准则不容易建立在隐喻替代（metaphorical substitution）之上。所以，一句谚语的含义层出不穷，最终进入矛盾和无意义的状态，抢先营造出这种形式的假象，也就成了真理效应。因此，谚语的内容具有差异性。

这种形式和内容之间的矛盾，使谚语成为德里达称之为隐喻**隐退**（the *retrait* of metaphor）中一个独特而引人注目的例子。[4] 语言本质上是隐喻的，包括指向这一内在品质的语言，因此，语言表征并不能直接通向现实或真理，但经文本系统调整后的表征却可以。[5] 然而，这种隐喻性（metaphoricity），会从语言使用者的意识中退出，尤其是在使用真实的隐喻时：

> 在它的隐退（*retrait*）中，我们应该说在它的陆续退出中，隐喻也许消失了，退出了世界舞台，并且是在它最能够侵略性扩张的时刻，在它超越了每一个极限的时刻这样做。它的退出将会带来一种自相矛盾的形式，即一种轻率而过度的坚持，一种过多的剩余，一种扰人的重复，总是用额外的特征标记，用一个又一个的转折，再次转折、再次追述（*retracing*）或重新绘制（*re-trait*）它在文本上留下的特征。[6]

额外的特征本身没有任何意义，既不是文本中的字面意义，也不是比喻意义。就谚语而言，它是一种运动或摇摆，通过把谚语含蓄地简化为抽象概念，或翻译成抽象概念，便可以窥见它所表示的思想。这种抽象把谚语变成了隐喻，或者使其回到隐喻状态，成为其载体的基调。抽象所揭示的特征是一种隐退，因为它标志着谚语中一直存在的东西，其隐喻性使它能够在各种语境中无休止地使用或进一步翻译，与此同时这一特征则从意识中消失或退出。正如德里达所观察到的：

> 这种特征通过撤回自己，通过重新描绘自己来评价自己；它成功地在他者中／通过他者隐藏自己，以一种平行的方式在那里重新记录自己，这是**逆逻辑的**（heterologically），**有自己的寓意**（allegorically）。这个特征被撤回／重新绘制；这个特征就是隐退。[7]

谚语是逆逻辑的，因为它的使用语境与其他修辞不同，无法简化，这就使其适用性受到了质疑；谚语是寓言性的，因为它在那些语境中意味着一种抽象概念，可以抑制语境之间的差异。谚语的真理总是具象化的，缺少现实中的文字基础，或者说是对现实的充分把握，但它的具象性先是被该形式的真实效果所掩盖，然后又被抽象概念的隐退特征所掩盖，而这种特征就是一种运动，能在新的使用语境和译文中不重复地运动。在谚语中，形式被转化为内容，使之稳定；内容通过进一步的翻译传播，消除这种稳定；但形式会无休止地补偿它。谚语设定了翻译的过程，无论是形式或内容，该过程都可以转换他们的原材料，而这种转换是无形的，不加思考的。

例如，想想这句谚语："a stitch in time saves nine"（及时缝一针能省九针）。牛津网络词典（OxfordDictionaries.com）将其翻译成反映当前大多数用法的抽象概念："如果你立即解决问题，可以为以后省去很多额外的工作。"这样的翻译将谚语变成了一种隐喻，延迟（defer）了谚语与任何特定语境的关系，同时将其应用到或翻译到无限的语境中。这句谚语的形式特征，尤其是它的简短、抑扬规律和押韵，产生了强有力的终结感，这种终结感释放出真理的幻觉效果，而无数次的使用带来的纯粹差异性则削弱了这种效果。从互联网上的流行文本和专业文本来看，"及时缝一针能省九针"适用的领域包括农业、商业、化学、儿童福利、金融、信息技术、法律、医学、采矿和心理学。

即使对一个单一领域进行调查，例如医学，这些用法也揭示了很多不同的含义，让人不仅怀疑它们是否有相似之处，而且怀疑谚语本身是否具有意义。因此，"及时处理"被用于描述整容手术和肠切除术，还有计划生育的绝育手术和肺癌晚期的化疗。[8] 在这些使用场合中，"选择性""紧急"或"急症"外科手术之间的区别被有效地消除了。然而，在绝症的情况下，这句谚语是否有意义仍然值得怀疑：如果病人的生命只是延长了有限的一段时间，那么节省时间的概念就显得毫无意义。或者申请婚前体检，这被视为"捍卫和维护婚姻制度的完整性和神圣性"[9] 的一种手段。鉴于该条款强调性传播疾病的检测，这种检查不太可能解决或缓解日后的婚姻问题，而是提前终止结婚。托马斯·富勒① 在他的著名汇编《谚语集》（*Gnomologia*，1732）中收录了这句谚语，似乎已经预料到了它可能会有一些荒谬的应用，他在两行文字上印出了一个符合条件的公式："A Stitch in Time / May save nine"（及时缝一针可能省九针）[10]。

谚语翻译与工具主义

奇怪的是，当谚语涉及译者或译文时，它与体裁的关系就会发生变化。形式上的不变量可以通过简短或重复的结构或二者相结合的模式来保持。此外，

---

① 托马斯·富勒（Thomas Fuller，1608—1661），英国学者，布道师。

第二章 谚语的不可译性

谚语在使用时仍被简化或翻译为抽象概念，这暴露了它的隐喻性。然而，其内容并不容易改变：在不同的语境中，谚语的使用或翻译范围是有限的。翻译实践，无论是概括每一个时间地点还是用于具体情况，语境都是相同的。至少从20世纪开始，在每一次使用中，谚语都表达了一样的基本含义：不可译性，或翻译的不可能性。

试想"traduttore traditore"（译者即叛逆者）这句话，虽然这句谚语是意大利语，但它的复数版本（Traduttori traditori）在1935年至1970年期间被收录在《牛津英语谚语词典》（Oxford Dictionary of English Proverbs）的版本中，之后才出现在更普遍的参考著作中，这证明了它广泛使用在英语写作中。[11] 该词典增加了一个英文译本，"Translators, traitors"，以及一些从17世纪到20世纪的说明性段落。其中一段节选自1929年写给《伦敦时报》编辑的一封信，解释了"亲自拜访海外买家"如何顺利促成同其他国家的贸易关系。但不建议访客依赖翻译："访客……应该能流利地说一口被访问国家的语言。通过口译员交流很麻烦，在许多情况下效果并不好，这正如意大利谚语所说：Traduttore traditore（译者即叛逆者）。"[12]

虽然差异较大，但是这句谚语的用法表明它符合这类样式。它被用来作为一种结论性解释，简短、重复的节奏和双关加强了其说服力。它也被简化为一种抽象含义，即翻译是不可能的（"无望的"），它因此成为一种隐喻的载体，使其能够用于商业交易的解释。然而，在这个阶段，这句谚语不再发挥作用：它无法扩散和传播象征这一体裁的意义。语境的特指性不包含任何深层的隐喻替代，也不包含任何对商业或口译的特殊应用。这句谚语只是宣称翻译的失败，仿佛不可译性才是永恒又普遍的真理。而且，虽然它像在说教，但除了含蓄地拒绝翻译，它没有给出任何可行的行为准则。由于翻译的本质如此，译者注定要失败，这一点从traduttore和traditore之间的发音相似性就可以看出。双关语表明翻译和背叛是一回事。

这句谚语的一些用法更能看出它所依赖的理论假设。当代美籍华人诗人施加彰（Arthur Sze）在他翻译的中国诗歌的前言中引用了这句话：

> 我知道翻译是一项"不可能"的任务，我也从来没有忘记意大利短语 traduttori traditori："译者，叛者"。什么样的翻译在某种程度上不会背叛原文呢？在反思我自己的翻译过程时，我意识到丢失与转变，破坏与恢复。[13]

尽管施加彰把"不可能"一词置于带有怀疑的双引号内，但当他提出反问句"哪个译本不会背叛原文？"时，他还是将这句谚语简化为翻译是不可能实现的。当然，含蓄点的回答就是不存在那样的译本。然后他用"损失""转换""破坏"和"恢复"等常用术语展现了"背叛"的意义，而这一切都意味着要相信译者可以保持原文本不变，但这种信任总是遭到背叛，因为翻译一定会引起变化。

施加彰的看法表明了工具主义的翻译模型：他们把翻译想象成原文本中包含的一种不变量的复制或转移，是译者应该保持其完整性的一种基本形式或意义，但译者从未做到，因为翻译具有变革性。矛盾的是，这句谚语认为工具主义是可行的，但又阻止了工具主义的出现。因此，"traduttore traditore"这个双关谚语只涉及翻译，其形式和语义不变性似乎反映或投影了一个更基本的概念，即形式和语义不变量的假设被认为是原文本的特征。尽管如此，借助不变性只是为了将其禁用。毕竟，也许"traduttore traditore"与诸如"a stitch in time saves nine"的其他谚语相似：虽然翻译谚语没有无穷无尽的隐喻替代，但对其理论假设的质疑表明，它也会陷入矛盾和无稽之谈。

如果把这句谚语引证到理论性较强的翻译评论中，则可以采用不同的翻译模式。在《论翻译的语言学方面》（*On Linguistic Aspects of Translation*，1959）

的结尾，罗曼·雅柯布森①在他对诗歌不可译性的讨论中引入了"traduttore traditore"：

> 双关语，或者用一个更专业，也许更精确的术语 paronomasia（谐音双关语），统治着诗歌艺术，无论它的规则是绝对的还是有限的，从定义上来说诗歌都是不可译的。除非用创造性换位才有可能实现：语内换位——从一种诗意形态到另一种形态，或者语际换位——从一种语言到另一种语言，或者符际换位——从一种符号系统到另一种符号系统，例如，从语言艺术到音乐、舞蹈、电影或绘画。
>
> 如果我们把传统公式"Traduttore, traditore"翻译成英语"the translator is a betrayer"（译者即反叛者），意大利语的押韵警句就被剥夺了所有的双关特点。因此，认知态度强迫我们把这句格言变成一个更明确的陈述，还要回答问题：译者传达什么信息？背叛者又有什么样的价值观？ [14]

值得注意的是，雅柯布森的评论采用了两种相互排斥的翻译模式。一方面是工具主义。他认为诗歌"不可译"的观点首先暗示了这一假设，然后他对这句谚语的处理也证明了这一点：他以此来说明，复制他所认为的形式不变量，即"双关特点"是不可能实现的，同时也默示了谚语的真实性。因此，诗歌和谚语都是不可译的，因为它们都包含着翻译应该复制或转换的不变特征，但由于翻译的本质是对原文本的改变，所以无法做到这一点。然而，另一方面，雅柯布森又提出了一种截然不同的翻译解释学模型：认为翻译是一种解释，根据翻译语言或媒介的不同，它必定会导致原文本的形式和含义发生变化。因此，他

---

① 罗曼·雅柯布森（Roman Jakobson，1896—1982），杰出的俄裔美籍语言学家，诗学家，作为布拉格学派的领军人物，继承了索绪尔以来的传统，发展了结构主义语言学，使布拉格大学成为当时欧洲普通语言学的重要阵地。

建议通过"创造性转换"(creative transposition)来解决不可译问题,这涉及各种变化,例如"诗体"(poetic shape)、"语言"或"符号系统"。然而,"创造性转换"这个术语是有误导性的,因为雅柯布森在他的文章开头提到了与"翻译"相同的过程,在那里他首先区分了"解释语言符号的三种方式":

1. 语内翻译(intralingual translation)或换词(rewording)是用同一语言的其他符号来解释语言符号。
2. 语际翻译(interlingual translation)或真正的翻译(translation proper)是指用另一种语言对语言符号进行解释。
3. 符际翻译(intersemiotic translation)或符际转化(transmutation)是通过非语言符号系统的符号来解释语言符号。[15]

雅柯布森的论文看似条理清晰,但是在这背后,存在着两个相互矛盾的翻译模式:一个是工具主义翻译模型,强调不变量、复制或转移以及不可译性;另一种是解释学模型,强调变化、解释和可译性。他在文章结尾对"认知态度"(cognitive attitude)做出的评论,实际上并没有解决这个矛盾,因为认知态度可以支持两种模型(虽然雅柯布森认为这种态度是对谚语进行另一种翻译的基础)。如果被翻译或背叛的"信息"和"价值"被视为谚语包含的形式和主题不变量,或源于谚语在特定翻译情况中的应用,那么"认知态度"就会采取工具主义模型,虽然不同之处在于"更明确"的翻译能够传达这些不变量,验证工具主义。如果人们认为谚语或其应用中包含的解释创造了信息和价值,它们是确定谚语形式和主题的众多可能解释之一,那么认知态度就会采用解释学模型,把谚语转化为"更明确的陈述"的译文也就能传达这种解释,从而将其他解释排除。

这种不确定性表明,翻译的工具主义模型和解释学模型之间的区别似乎形成了一种二元对立，但进一步审视之后，这种对立就会瓦解，由此可见，解释的重要地位及其对翻译思维的构成作用（constitutive role）。这两种模型在理解翻译是什么和做什么方面都有启发意义，二者是概念构建意义上的模型，因此工具主义也可以被看作是一组理论构想，这些构想会影响或引发翻译实践的特定解释。然而，无论是脑力方面，还是实践方面，工具主义构想都造成了巨大的损失。形式和语义不变量的构想中断了翻译思维，如同在翻译谚语时，中断了寓意的扩散和传播，而这本该是谚语样式的典型特征。更准确地说，工具主义已经抢先一步阻止把翻译视为解释行为来改变原文本，这就抑制了解释学翻译模型的构想，而该构想本来是可以把这种变化考虑在内的。

"译者，反叛者"的谱系

在近代早期，traduttore 和 traditore 是一对有争执的类比。这一类比最初是以阐述的形式提出的，但很快就变成了一句双关谚语。几个世纪以来，在认为工具主义模式始终存在的同时，这句谚语积累了各种各样的含义，它们在翻译中发展出背叛的概念，但又与这一概念之间存在细微的差别。这些含义可以分为两类，一类具有讽刺性，针对的是那些人们认为不称职的译者；另一类具有哲学意义，主张不可译性要有形而上学作为基础。在某些语境中，这两种含义都在发挥作用，其中一种含义可以充当另一种的解释或辩护。

第一类似乎出现在 1539 年的《皮斯托尔的方言》（*Le pistole vulgari*）中，该作品是诗人兼讽刺作家尼科洛·佛朗哥（Niccolò Franco）[16]的书信集。这段话在抨击各种职业时都出现过：

> Veggo in un altro cantone, I TRADUTTORI, li quali tal che mostrino al volgo, & a chi non sa, di sapere due lettere, traducono l'opre da la latina ne la

lingua volgare. Veggo quando per non intender bene il testo de gli autori, danno giù di mostaccio. Veggo quando distillano fino al grasso de le lor barbe per trovare un vocaboluccio ne i rifugi de i commentari. E per che gli veggo morire con tutte le lor fatiche da quell'ora che le cominciano, per la pietà grande che me ne viene, non posso far che non dica: Ser Traditori miei, se non sapete far'altro che tradire i libri, voi ve ne anderete bel bello a cacare senza candela.[17]

In another corner, I see THE TRANSLATORS, who just to show the common people, & whoever doesn't know, that they know two literatures, translate works from Latin into the vernacular. I see them pulling an ugly mug when they don't understand the authors' text. I see them concentrating down to the grease of their beards to find a measly word in the shelter of commentaries. And because I see them dying from all their labors at the very moment they begin, because of the enormous pity that comes over me from it, I can't help saying: my Esteemed Traitors, if you can't do anything but betray books, you'll slowly go shit without a candle.

在另一个角落里，我看见了**译者**，他们只是为了向平民百姓和那些不懂的人展示自己懂两种文学，能把拉丁语翻译成方言。我看到，他们看不懂原作者的文章时哭丧着脸。我看到，他们聚精会神、废寝忘食，就为找到一个不起眼的单词，用注释做掩护。我看到他们工作不久就累死了，因为那在我心中作祟的同情心，我想说：尊敬的叛徒们，如果你们除了出卖书本以外，什么也做不了，以后摸黑上厕所要小心了。

佛朗哥的言论并非认为翻译是不可能的，而是认为译者必须学识渊博。

他讽刺的对象并不是所有的译者或译作,而是一群声称人文主义的译者(他们把拉丁语翻译成方言)。他笑话他们,净翻译些连自己都看不懂的东西,为了让那些没文化的人对自己刮目相看,他们便用翻译来炫耀自己的语言知识。他提到的"cacare senza candela"(shit without a candle,摸黑上厕所)似乎既有字面意义,也有比喻意义:这些译者不仅没有弄清他们的拉丁语原文本,反而破坏了原作,拙劣的翻译水平让他们最终穷困潦倒,甚至连支蜡烛都买不起。

佛朗哥将译者与背叛者做类比,有趣的是,这种比法与他试图压制翻译是解释行为的想法相吻合。他嘲笑那些译者的拉丁语知识有限,只能依赖"i rifugi de i commentari"(注释做掩护)。他的看法暗示了译者对原语言的了解程度是衡量其能力的唯一标准,如果译者依赖注释中单独阐述的解释,一定会出现错误。因此,原文本包含了语义不变量,合格的译者可以直接看懂它,而翻译的任务就是原封不动地复制或转换这个不变量。

佛朗哥的讽刺出现后,几十年内这种类比再次出现。法国人文主义学者、印刷商亨利·埃斯蒂安(Henri Estienne)在他 1566 年出版的《为希罗多德道歉》(*Apologie pour Hérodote*)一书中引用了这句话,该著作是根据他的拉丁语著作 *Apologia pro Herodoto* 改编而成的法语版本,同年出版在他的希罗多德版本上。在写给朋友的序言中,埃斯蒂安解释说,他决定自己改编这部小说,因为几年前,一个不称职的译者把他的另一部拉丁语文本译成了错误的法语。以下段落摘自 1592 年的法语版本,该版本成为理查德·卡鲁(Richard Carew)1608 年的英文版《大开眼界》的基础:

> Il ne fut plustost publié qu'il rencontra un traducteur, lequel (comme je pense) besongna tres bien à son gré & à son contentement, mais bien loin du mien, & vrayement aussi loin qu'il s'estoit eslongné de mes conceptions,

lesquelles je ne pouvois recognoistre en icelle, de forte qu'il me sembloit que j'avois bien occasion de dire comme l'Italien, à-sçavoir qu'il n'avoit pas fait office de traduttore, mais de traditore. Ce que toutesfois je luy ay pardonné, qui que ce soit (car il n'y a pas mis son nom) pource que je ne doute point qu'en faisíant mal il n'ait faict du mieux qu'il a pu.[18]

I had no sooner published a little Pamphlet, but it met with a tinkerly translator, who Pigmalion-like doted upon his owne doings, thinking he had put out the Pope's eye; whereas to my thinking he roved at random, and erred the whole heavens, in such sort that I could neither conceive what I had written, nor yet perceive any footsteps of my wonted stile. So that I may well say with the Italian, that he performed not the office of a traduttore, but of a traditore, that is, that he played not the part of a translator, but of a traitor. Which notwithstanding I pardoned in that nameless author, not doubting but that in doing amiss he did his best endevour.[19]

我刚出版了一本小册子，但它遇到了一个笨手笨脚的译者，他像皮格马利翁一样，对自己的翻译非常满意，以为挖出了教皇之眼①；在我看来，他翻译得一塌糊涂，仿佛走进了别人家，弄得我既想象不出自己写了些什么，也认不出来我平时走路的脚印。因此，我完全可以用**意大利语**说，他并没有履行traduttore（译者）的职责，而是当了traditore（背叛者），也就是说，他所扮演的角色不是**译者**，而是**叛徒**。尽管如此，我还是原谅了那个不知名的作家，但毫无疑问，他已经竭尽全力了。

---

① Pope's eye，"教皇之眼"指羊腿上的一块肥美的肉。

埃斯蒂安同意佛朗哥的观点，认为翻译是可能的，但他完善了这位意大利讽刺作家的观点。更准确地说，翻译能力是指译者根据自己的个人喜好（à son gré & à son content ement）进行翻译，从而表达原文作者意图（mes conceptacs）的能力。尽管和佛朗哥一样，他认为上文提到的译者缺乏充分的知识或技巧，无法有效翻译，但埃斯蒂安的工具模式设想把作者的意向性（authorial intentionality）补充到了译者必须复制的语义不变量中。

然而，这个案例最显著的特点不是埃斯蒂安对类比的引用，而是他公开宣称的工具主义与理查德·卡鲁侵略性解释的英译本之间的矛盾。卡鲁运用了一种被称为词典学的对等概念（lexicographical equivalence），通过在当代词典中找到定义来保持语义对应，比如让·尼科的《古法语和现代法语的导师》（*Thresor de la langue françoyse, tant ancienne que moderne*, 1606）[20]，以及1611年兰德尔·科特格雷夫（Randle Cotgrave）的《法英语言词典》（*A Dictionarie of the French and English Tongues*）。然而，在建立对等关系的同时，卡鲁的翻译也有一定的灵活性，与埃斯蒂安的词汇和句法大相径庭。他力求更加明确，甚至达到冗余和夸张的程度，并插入了挑逗性的词和短语，传达法语文本中没有的意思。译本最终变成翻译和改编的混合体（a mixture of translation and adaption）。

例如，埃斯蒂安描述他那不可靠的译者，他说道："il s'estoit eslongné de mes conceptions, lesquelles je ne pouvois recognoistre en icelle"，此句可能被翻译成"他偏离了我的想法，我在［译文］中都没认出来"。卡鲁的版本精心运用了修辞手法："他翻译得一塌糊涂，仿佛走进了别人家，弄得我既想象不出自己写了些什么，也认不出来我平时走路的脚印。"因此，卡鲁的译文包含了一个形式不变量：作者"平时走路的脚印"，这个译法具有埃斯蒂安认为应该复制到译文中的隐含意义。

毫无疑问，卡鲁在扩展埃斯蒂安的工具主义的同时，也分享了他的观点。卡鲁在译文的前言中不仅声称"我已经真实且完整地表达了原作者的意思"，而且"我会继续保持奇喻（conceit）的生命力和优雅，"这意味着他在很大程度上复制了法语文本的文体特征，即埃斯蒂安的"奇喻"或"意义"所象征的"生命力和优雅"[21]。卡鲁没有解释"可以继续保持"的限制条件，但他随后提到"挡在我路上的那些无数的困难"表明，潜在的障碍可能是译者自身的语言缺陷和埃斯蒂安风格的独特性，该特性结合了英法语言之间的结构差异："我并没有自称是译者，"他说，"也不敢妄言自己在法语方面有什么过人的技能"。[22] 在同一篇文章中，卡鲁将他的翻译描述为"我披上法文文本的鲜艳外衣"，于是他看了一眼自己润色的译文，表明它们不会影响他转移形式和语义不变量。衣服这个隐喻在现代早期非常常见，它反映了卡鲁的工具主义，因为它否认"翻译可以明显改变原作的实质"。[23]

尽管如此，卡鲁的语言选择确实带来了实质性的差异。这些差异表明，无论从文体上还是从词典学上，他都写出了一种超越任何对等的解释，改变了法语文本的形式和意义。卡鲁为埃斯蒂安的法语译者构建了一个复杂的形象，首先对他的局限性进行了更明确的消极评价，即"笨手笨脚"（tinkerly），这是现代早期的用法，意为"不灵巧的，笨拙的，不熟练的"（OED），然后确定动机，将骄傲["像皮格马利翁一样（他）对自己的翻译非常满意"]与激进的新教结合在一起。短语"think he had put out the Pope's eye"（以为他挖出了教皇之眼）可能指的是一块"被视为美味"（OED）的肉，这是译者自我满足的一种隐喻，也可能是指译者对埃斯蒂安作品本质的投入，即对天主教会的尖锐讽刺。卡鲁使用的措辞，或许还有他翻译埃斯蒂安讽刺小说的决定，似乎都是针对那些对火药阴谋记忆犹新的英国读者，1605年天主教反对詹姆士一世的阴谋被挫败。因此卡鲁在前言上注明了"公元1607年，11月7日"，他补充道，"火药叛国阴谋的第二天"。[24]

他向詹姆士一世的听众作的演讲也明显使用了大量的地道表达，但其实这些表达完全无法与法语文本对应。在16和17世纪，像"他翻译得一塌糊涂"，

"仿佛走进了别人家"这样的短语,甚至还有对皮格马利翁神话的影射也经常出现在原创作品中。威廉·康沃利斯爵士(Sir William Cornwallis)的随笔集《论猜疑》(*Of Suspicion*)在卡鲁的译作出版前不久发表,文中也包含了同样的神话典故,但也带有同样的消极意味:"谁见了情人却不爱?他被迫靠想象力去画一幅完美的肖像,然后像皮格马利翁那样迷恋自己的手艺,却笑不出来?"[25]卡鲁的翻译将埃斯蒂安的文本融入了当代英语国家的语言和文化价值观。这种策略也让他对地理标志进行了英语化处理:他表示自己把短语"Entre Paris & Lyon"(巴黎和里昂之间)翻译成了"betwixt Yorke & London"(约克和伦敦之间)。[26]

卡鲁的版本体现了翻译的工具模型和解释学模型之间的矛盾,在他翻译埃斯蒂安引用那句意大利语的类比时,显然概括了这一矛盾。卡鲁再次考虑到他的英语读者,不仅翻译了埃斯蒂安的法语句子,还插入了意大利语单词的翻译。埃斯蒂安英文版本的句子"他履行的不是 traduttore 的职责,而是 traditore 的",依赖于另一种在早期现代英语中频繁使用的惯用语 perform the office of,其中 office 的意思是"与某人的地位、职位或工作有关的职责"(OED)。office 的伦理意义与工具主义是一致的,即假设译者的职责是复制原文本的不变量,在法语文本翻译成英语时,用法语借用词(office)恰当地表示。然而,当卡鲁翻译这个意大利类比时,"he played not the part of a translator, but of a traitor"(他扮演的不是译者,而扮演的是叛徒),他引入了不同但是一样熟悉的习语 play the part of(扮演某角色),意思是 to act as or like(作为或像,OED)。这个习语表明了完全不同的概念,即译者是一个可以扮演各种角色的演员,这意味着翻译提供了一种不同于原文本的解释。换句话说,一个人既可以做译者,也可以做叛徒,虽然译者本身就像一个不断变换角色的演员,而不是一个有固定职责的职员。这一点对于经常看戏的读者来说尤其明显,因为在詹姆士一世时期的舞台上,"人们期望大多数演员有不同的表演风格",

而且"经常会出现,同一演员在同一出戏中扮演不同的角色"[27]。针对英语读者的处理似乎与卡鲁的对等主张背道而驰,他改变了习语,也改变了埃斯蒂安文本背后的理论设想。

翻译的形而上学

在现代早期,虽然人们没有完全放弃意大利语类比的讽刺价值,但是也会用它来推测不可译性的条件。杜·贝莱①《保卫和发扬法兰西语言》(*Défense et illustration de la langue française*)的法语版本于1549年发表,其中提到了扮演 traditeurs(交易商)的 traducteurs(译者),目的是讽刺一种无能和自负,虽然这会激怒佛朗哥。然而,杜·贝莱很快将注意力转移到不可译性的原因上:

> Mais que diray-je d'aucuns, vrayement mieux dignes d'estre appellés traditeurs que traducteurs? Veu qu'ilz trahissent ceux qu'ilz entreprennent exposer, les frustrant de leur gloire, et par mesme moyen seduysent les lecteurs ignorans, leur montrant le blanc pour le noyr: qui, pour acquerir le nom de sçavans, traduysent à credict les langues, dont jamais ilz n'ont entendu les premiers elementz, comme l'Hebraique et la Grecque: et encor' pour myeux se faire valoir, se prennent aux poëtes, genre d'aucteurs certes auquel si je sçavoy', ou vouloy' traduyre, je m'adroisseroy' aussi peu, à cause de ceste divinité d'invention qu'ilz ont plus que les autres, de ceste grandeur de style, magnificence de motz, gravité de sentences, audace et varieté de figures, et mil'autres lumieres de poësie:

---

① 杜·贝莱(Joachim du Bellay, 1522—1560),七星诗社重要成员。主要诗集有《罗马怀古》和《悔恨集》。

bref ceste energie, et ne sçay quel esprit, qui est en leurs ecriz, que les Latins appelleroient genius. Toutes les quelles choses se peuvent autant exprimer en traduisant, comme un peintre peut représenter l'ame avecques le corps de celuy qu'il entreprend tyrer apres le naturel.

But what shall I say of some who truly deserve rather to be called traitors than translators? For they betray those they undertake to reveal, denying them their glory and by the same means seduce ignorant readers, showing them white for black. To gain the name of learned men, they translate on credit languages, like Hebrew and Greek, of which they have never understood the first elements and to raise their standing still further, take on poets, a race of authors that, if I could or would translate, I would address as little as possible because of that divinity of invention they have more than others, that greatness of style, magnificence of words, gravity of thoughts, boldness and variety of figures, and a thousand other adornments of poetry; in short, that energy and indefinable spirit in their writings which the Latins would call genius. All these things can be no more rendered in translation than a painter can represent the soul along with the body of the person he undertakes to portray from life.[28]

但是，对于那些真正应该称之为叛徒而不是译者的人，我该说些什么呢？他们背叛了自己曾承诺要展示其作品的原作者，否定了他们的成就，并用同样的方法引诱无知的读者，向他们展示黑白颠倒的译本。为了获得学者的名声，他们翻译如希伯来语和希腊语等语言，但他们根本不理解这些语言的基本要素；为了进一步提高自己的地位，与诗人和不同作家相提并论，如果我会或愿意翻译，我将尽量少发言，因为他们比其他人更有创造力,他们的创作风格宏伟,语言优美,观点严谨,塑造的人物形象豪放且各有特色,还有各种诗歌锦上添花;简而言之,他们的作品充满活力和难以言喻的品质,即拉丁人所谓的天才作品。所有的这一切都无法通过翻译来呈现,就像画家无法从生活中描绘出他所要描绘的人的灵魂和身体一样。

对于杜·贝莱来说,这些译者都是叛徒,因为他们对原语言的知识掌握有限,无法胜任该工作,而且他们还打算翻译不可译的内容。他发现诗歌比其他体裁的作品更具有这种特质(plus que les autres),这表明在某种程度上,所有作品中都有这种特质。形式特征("发明""风格""词汇""句子""人物")构成了不可译的精神本质("活力""精神""天才")。杜·贝莱用拉丁语 genius(天才)来表示这种基于形式的本质,它综合了多种含义,这些含义可以起源于古代,16 世纪早期在法国流传开,包括"守护精神""品味"或"倾向"和"天赋"[29]。这种本质似乎是诗人和诗歌固有的(据说这是诗人特有的"流派",即一定数量的作家群),而且杜·贝莱也认为这是一个超越时空偶然性的不变量,可与神性相媲美。因此,他认为翻译会"亵渎古代的神圣遗迹",显然在当时他所处的历史时期,人们认为这些遗迹对古典语言的读者来说是神圣不可侵犯的。杜·贝莱的写作观念无异于世俗宗教,为不可译性奠定了形而上的基础。

为了阐明这一观点,他必须同时假设并否定工具主义的翻译模型。因此,他找到了译者需要复制或转移的原文本不变量,即在译者是忠臣而非叛徒,且如果原文本可译的情况下。这些不变量与文本形式有关,但也包括它给读者带来的影响。杜·贝莱认为古希腊语和拉丁语文本的读者无论何时何地阅读这些文本,都会对其产生相同的情感反应,而且这种反应应该被复制或传递,即在译者是忠臣而非叛徒,且如果原文本可译的情况下:

il est impossible de le rendre avecques la mesme grace dont l'autheur en a usé: d'autant que chaque langue a je ne sçay quoy propre seulement à elle, dont si vous efforcez exprimer le naif dans une autre langue, observant la loy de traduyre, qui est n'espacer point hors des limites de l'aucteur, vostre diction sera contrainte, froide et de mauvaise grace. Et qu'ainsi soit, qu'on me lyse un Demosthene et Homere Latins, un Ciceron et Vergile Français, pour voir s'ilz vous engendreront telles affections, voyre ainsi qu'un Prothée vous transformeront en diverses sortes, comme vous sentez, lysant ces aucteurs en leurs langues.

it is impossible to render a work with the same grace that the author put into it, inasmuch as each language has an indescribable something that belongs to it alone, so that if you try to express its inborn quality in another language, abiding by the law of translation, which is never to stray beyond the bounds of the author, your diction will be constrained, cold, and graceless. And as proof, just read a Latin Demosthenes and Homer, a French Cicero and Virgil, to see if they will beget such emotions in you—will, indeed, transform you like a Proteus into differing kinds—as you feel reading those authors in their own languages.[32]

想把译作翻译得像原作者对待作品一样优雅是不可能的，因为每种语言都有自己的独特之处，难以形容，如果你试着用另一种语言来表达原语言的内在特征，还要遵守翻译规则，永远不超出作者的界限，那你的措辞将会变得拘谨、冷酷、粗俗。拉丁语的德摩斯梯尼和荷马，法语的西塞罗和维吉尔就是印证，读读它们看看是否会让你产生这样的情感，的确会像普罗透斯[①]

[①] 普罗透斯（Proteus）是希腊神话中的早期海神，经常变化外形让人无法捉到他。

一样把你变换成各种外形，就像你用这些作者的母语读他们写的书一样。

104 在这段话中，杜·贝莱使用 grace、je ne sçay quoy 和 naif 等术语，但它们的含义几乎和我引用的术语相同，即 energie、ne sçay quel esprit 和 genius：他们都表示一种精神本质，并源于文本的形式特点。事实上，尼科特（Nicot）的字典中 naif 一词的词条还包括 genuinus，这是一个拉丁语单词，意思是"天生的"，与"天才"一样，源自 gigno，意为"导致、生（孩子）、产生、使发生"[33]。原文本会包含或引起一些形式和情感上的不变量，杜·贝莱在引用这些不变量时采用了工具模式，但随后他将它们转化为先验属性，消除了它们的物质性。这个属性可以作为不可译性的基础，因为它被描述为抵制精确的定义甚至认知（ne sçay quell、je ne sçay quoy）。然而，杜·贝莱坚持认为，任何读者都可以通过文本的原始语言来读懂该作品。

如果有效翻译的标准是复制或转移一种神圣而又难以描述的特性，译者怎么可能不背叛原文呢？与此同时，体验到原创作品"神来之笔"或 genius 的读者也同样被神化，读者在经历了从一种文本到另一种文本的情绪反应后，被动变成了普罗透斯，但不受时间和空间坐标的影响（正如上帝所期望的那样）。阅读和翻译都不是语言产物验证的解释行为。

杜·贝莱试图区分不同类型的译者和翻译实践，但压制解释学又让他忧心忡忡。正如评论家们指出，他在评价翻译时使用了两组术语：traducteur、traduction、traduire 与 translator、translation、translator[34]。他将第一组用于译文，使其语义与原文保持一致，至少是"忠实的译者"（fideles traducteurs）而不是

105 "意志薄弱的教徒"（traditeurs）[35] 的做法。因此，他称赞"l'office et diligence des traducteurs"是"fort utiles pour instrure les ignorans des langues étrangères en la connaissance des selecteds"（译者服务周到，帮助那些不懂外语的人学到很多知识）：如果没有原文本含义的交流，也不会出现这种教学，原文本含义被视为

一个不需要解释就可以传达的不变量。[36] 同样，他认为这些译者回避了诗歌和演讲，更专注于"autres parties de literature, et ce rond de sciences que les Grecz ont nommé encyclopedie"（其他类型的写作和希腊人称之为"百科全书"的一整套学科知识[37]）。杜·贝莱表示，其他文学体裁和学术学科的文本更注重意义而非形式，这正是 fidele traducteur（忠实的译者）可以复制或转移的。

对于强调形式特征的译者，他采用了第二组术语，这意味着一种不同的翻译实践。然而，这次的用途不同于第一组，因为他建议 translateur 用这种方法翻译哲学文本，而不是诗歌和演讲：

> seroy' je bien d'opinion que le sçavant translateur fist plus tost l'office de paraphraste que de traducteur, s'efforceant donner à toutes les sciences qu'il voudra traiter l'ornement et lumiere de sa langue, comme Ciceron se vante d'avoir fait en la phylosophie, et à l'exemple des Italiens, qui l'ont quasi toute convertie en leur vulgaire, principalement la Platonique.

> I would be of the opinion that the learned translator should perform rather the role of a paraphraser than of word-for-word translator, striving to give to all the disciplines he wishes to treat the ornament and light of his language, as Cicero boasts of having done in philosophy, and following the example of the Italians who have converted nearly all of it into their vulgar tongue, especially Platonic philosophy.[38]

> 我认为，有学问的译者应该做的是释译，而不是逐字逐句的翻译，努力用他自己的语言为各学科增添点缀和光芒，正如西塞罗吹嘘自己在哲学上的成就那样，还要效仿意大利人，他们几乎把所有语言都转化成了当地

的通俗用语，尤其是柏拉图哲学。

杜·贝莱把"译者"的工作比作"释译"，将翻译与解释联系起来。尼科特字典将"释译"定义为"exposition et interpretation qui ne se fait point de mot pour mot, ains de sentence pour sentence"（不是词对词而是意对意的阐述和解释）。尼科特字典的条目证实了杜·贝莱的译者理查德·赫尔格森（Richard Helgerson）的决定，即插入短语"词对词"来描述 traducteur，因为他们似乎想把单个单词作为翻译单位来解释原文本的含义。这一单位有助于阐明杜·贝莱所说的"la loy de traduyre, qui est n'espacer point hors des limites de l'aucteur"（翻译法则，永远不要超出作者的界限）。相反，倾向于意译的 traducteur 用更大的（不确定的）语言单位来解释原文本的意思，用译文语言中最吸引人的风格来改写原文，即 ornament et lumiere（点缀和光芒）。

然而，由于这种改写会把原文本同化为不同文化的语言价值，所以难道不会超过 limites de l'aucteur（作者的限制），影响其解释，最终 translateur 也有成为 traditeur 的风险吗？为了用译语单词确定其含义，fidele traducteur（忠实的译者）不是也关注每个原语言的单词然后给出解释吗？一旦探讨解释问题，就会破坏杜·贝莱对工具主义的翻译模式的设想，最终摧毁他试图在各种译者和翻译实践之间划分的界限。

到了19世纪，这句意大利谚语被列入像朱塞佩·朱斯蒂①的《托斯卡尼箴言》（Proverbi Toscani, 1873）一样的纲要中，不过它与托斯卡纳和罗伯特·克利斯蒂的《所有时代的谚语、格言和短语》（Proverbs, Maxims and Phrases of All Ages, 1888）没有特别的关系，该书中只有这句谚语的英文版。[39] 有时，

---

① 朱塞佩·朱斯蒂（Giuseppe Giusti, 1809—1850），意大利北部诗人和讽刺作家，他在意大利民族主义运动（复兴运动）早期对奥地利统治的讽刺影响很大，至今仍以其托斯卡纳式的机智和生动的风格而受到欢迎。

第二章 谚语的不可译性

引用不仅仅是列举，还会涉及评注。理查德·切内维克斯·特伦奇（Richard Chenevix Trench）是英国国教大主教，在语言学和神学领域都有著述，1853年，他引用了这句意大利谚语来说明这一流派的形式特征。他发现："用一种不同寻常的方式"，它

> 结合了我们刚才讲过的三个特点——简短、尾韵和头韵：Traduttori, traditori；我们或许可以用英语这样来形容：Translators, traitors；在大多数情况下，他们不是不忠于文字，而是不忠于优秀的原作及其精神，且经常无法忠于这两者；他们选择放弃而不是翻译其含义；不是改变它，而是把它彻底推翻，从一种语言翻译成另一种语言。[40]

特伦奇很喜欢这句谚语的形式，于是他设计了自己的双关语来模仿它。尽管他没有说明译者"不忠实"的理由，但他用杜·贝莱最初提出的形而上学根基解释了他们背叛的本质。特伦奇引用了"天才作品"，却缺少这位法国诗人的神圣化，只停留在对文本本质的设想上，并将其与另一个同样形而上，且出现在翻译评注里的套话联系起来，即"精神"与"字母"，安托瓦纳·贝尔曼将其称为"柏拉图式的翻译图表"[41]，区分了"精神与字母、意义与文字、内容与形式、感性与非感性"。因此，特伦奇将"天才"和"精神"与原文的"含义"对应起来，展示他的工具主义，指责译者未能"呈现"语义不变量。

在20世纪及以后的大众和学术刊物中，这句意大利谚语不断被引用。这些用法非常一致，因为评论家们要么用它来形容译者的无能，要么断言翻译是不可能的，不过通常两者会同时使用。然而，每当这句谚语加入对翻译的深入分析时，它依赖的工具主义就会缺少批判性的自我意识。事实上，评注越有学术性，评论家似乎就越不了解那些能够用于谚语的假设。

例如，1952年，诗人兼翻译家约翰·弗雷德里克·尼姆斯（John Frederick Nims）在《诗歌》（Poetry）杂志上发表了一篇尖锐的评论，题为《译者，叛者：坎贝尔十字架上的圣约翰》（Traduttore, Traditore: Campbell's St. John of the Cross）。在这篇评论中，他猛烈抨击了罗伊·坎贝尔[①]对西班牙诗人作品的英文翻译。坎贝尔的版本"给出的一些关于诗歌内容的想法，或多或少是准确的"，尼姆斯写道，"但它无法描述各种巧妙的诗意：意象、措辞和韵律，正是它们让作者成为文学史上最优秀的诗人之一。"[42]虽然没有任何形而上学的暗示，也没有提到"天才"或"精神"，但尼姆斯准确阐明了"内容"和"诗歌"之间的区别，杜·贝莱也正因此区别使用了这个谚语。然而，这种表象是具有欺骗性的，因为尼姆斯实际上构建了一个形而上学的本质，他认为这是原文本所固有的。因此，在文章开头，他说："我关注的是作为诗歌的诗歌。"［达马索·阿隆索于1942年在他的著作《十字架上的圣胡安的诗歌》（La poesía de San Juan de La Cruz）中对此进行了细致的研究］。最后，他引用了西班牙学者一段类似的祷词：

> 坎贝尔文笔流畅，洋溢着胜利的气息，然而，他却不断地曲解圣约翰的诗歌，包括 frescura, virginalidad, originalidad, condensación, intensidad, velocidad, desnudede[②]，这些是达马索·阿隆索在试图赋予其本质特征时使用的一些词，但是，在坎贝尔的翻译中没有一个词是正确的。[43]

尼姆斯设想了一种工具主义的翻译模型：西班牙诗歌包含"本质特征"

---

① 罗伊·坎贝尔（Roy Campbell, 1901—1957），诗人，他的诗歌充满活力，与20世纪30年代更突出的具有社会意识的英国诗人不安的自我探索形成鲜明对比。

② "frescura, virginalidad, originalidad, condensación, intensidad, velocidad, desnudede" 为西班牙语，分别对应"新鲜、童贞、原创性、浓缩、强度、速度、裸体"。

(essential qualities),即译者必须复制或转移的一组形式不变量;否则他就背叛了原文本。尽管尼姆斯提到了阿隆索的学术成就,尽管他引用了这位西班牙学者的术语,但他并没有意识到自己在西班牙诗中留下了解释,也没有意识到这些诗可能支持多种相互矛盾的解释,尤其是这些解释行为被翻译成英语时,又或者他没意识到不管出于什么原因,坎贝尔可能已经决定通过他的翻译阐述一种不同的解释。因此,虽然尼姆斯同时引用了西班牙语和英语,但我们很难把他的看法描述为基于译文和原文之间直接的、无中介的比较。尼姆斯将坎贝尔的作品与阿隆索对西班牙诗歌的描述进行了比较,他认为后者是绝对的,但只符合他自己的解释,当然这是个人喜好的问题。

诗歌+翻译=损失?

罗伯特·弗罗斯特(Robert Frost)曾说过:"诗是翻译中丢失的东西"(poetry is what is lost in translation)。这句话被反复提及,已成为翻译评论中的谚语。有时再通俗点讲,"诗乃迷失在翻译中的东西"(poetry is what gets lost in translation),虽然这句话缺乏"traduttore traditore"的修辞力量,但措辞尖锐,有韵律,与谚语在形式上有相似之处。这句话也像谚语:因为在引用时,它被简化为一个抽象概念,以隐喻的形式揭示出它的作用。

然而,即使在这句引文出现抽象概念之前,"丢失"(lost)这个词本身也是隐喻性的。那么,"丢失"具体应该出现在什么地方呢?原文本,如果它包含"诗歌",则永远不会失去这一特征:虽然被翻译了,但它仍不受剥夺或破坏,可以完好地存在。当然,如果从一开始翻译的文本中就没有"诗歌",那也不会有什么损失。在翻译过程中产生的损失,即通常赋予语句的含义,构成了不译或省译的隐喻,尽管它既没有描述也没有解释是什么导致了这些潜在的结果。"损失"这个隐喻带有道德色彩,但却无法解释清楚:它已经隐藏了翻译是什么以及翻译应该做什么的概念。但这样既没有使这个概念变得明确,也无法精确地推断它,除非是在有具体语境的情况下。

然而,无论是否被接受,大多数引文都认为语句是无须解释的。一些人添加了解释,阐明了评论家所认为的隐式抽象。解释的目的通常是明确丢失的原文本属性。

在一篇关于诗歌翻译的评论中,英国诗人克里斯托弗·里德(Christopher Reid)同意弗罗斯特的说法。因此,他写道:"很难反驳这个结论"。接下来,他把诗歌视为一种形而上的本质并阐明这一点:"我们喜欢认为,如果一首诗有某种价值的话,它的本质是其他任何词语排列都无法替代的,更不用说外语的词语排列了。"[44] 大卫·达姆罗什一边把"世界文学"推断为"从翻译中获益的写作"(writing that gains in translation)时,一边抵制像里德那样的形而上学思维,将弗罗斯特的表述归为"纯粹的文学语言观",并将其作为翻译韵律的难度参考:"新语言所能传达的任何意义,都会与原语言的音韵美割裂开,这是无法挽回的。"[45] 达姆罗什也接受了弗罗斯特的说法,虽然他试图对其加以限制:"更准确地说,有些作品在没有重大损失的情况下是无法翻译的,因此它们很大程度上仍停留在当地或本国的背景下,从未实现作为世界文学的有效价值。"[46] 这样看来,世界文学似乎不能根据翻译文本准确地定义,因为翻译过程中总会受到"重大损失",所以无须阻止文本被翻译成多种语言,从而为世界所接受。而且,"世界文学"的范畴似乎不像其他体裁那样包含诗歌。里德和达姆罗什的引文旨在详细说明或提炼弗罗斯特所说的话,但它们仍然表明,"损失"的隐喻在每次使用中都表示相同的基本含义:不管从整体还是部分来说,诗歌都是不可译的。

就像那句意大利谚语一样,让弗罗斯特的说法回归其最初的语境也可以帮助揭示其理论设想。在1964年的一次演讲中,弗罗斯特的老朋友路易斯·昂特梅耶尔[①]说,弗罗斯特在一次谈话中提到了它。昂特梅耶尔并没有标注这次谈话的日期,但他发现,弗罗斯特对自己作品《雪夜林畔小憩》(*Stopping by Woods on a Snowy Evening*)的深入分析表示反感,这首诗于1923年首次出版。根据昂特梅耶尔的说法,弗罗斯特宣称:"你经常听到我说,我可能说了太多次,诗歌是翻译中丢失的东西,同时也是解释中丢失的东西。"[47]此次谈话表明,弗罗斯特并不认为翻译是一种解释行为。相反,他认为面对诗歌,"翻译"和"解释"是两种截然不同的实践。在他看来,这两种做法都存在很大争议,因为它们遗漏了"诗歌",一个他这次没有定义的术语。

由于上述内容似乎是昂特梅耶尔仅凭记忆说出的,所以我们并不清楚他编辑或修改了多少弗罗斯特实际所说的内容。1959年,弗罗斯特在对克林斯·布鲁克斯[②]和罗伯特·佩恩·沃伦[③]的一次采访中提出了修改这句话的打算。这里有一段磁带录音的抄录,是为配合布鲁克斯和沃伦的教科书选集《理解诗歌》(*Understanding Poetry*,1960)的第三版而设计的,弗罗斯特对翻译做了类似的表述,虽没有那么尖锐,但更加模糊:

> 谨慎起见,我想说,我可以这样定义诗歌:它是散文和韵文在翻译中丢失的东西。也就是单词被扭曲的方式,以及所有——使用单词的方式,你们使用单词的方式。

作为回应,沃伦引用了塞缪尔·泰勒·柯勒律治的"最佳顺序概念"

[①] 路易斯·昂特梅耶尔(Louis Untermeyer,1885—1977),美国诗人、散文家和编辑。

[②] 克林斯·布鲁克斯(Cleanth Brooks,1906—1994),美国著名的文学批评家,新批评派的代表人物之一,形式主义批评理论的创立者。

[③] 罗伯特·佩恩·沃伦(Robert Penn Warren,1905—1989),美国第一任桂冠诗人。早年为"新批评派"代表之一,晚年诗风发生重大转变。被评论界称为"我们最杰出的文学家"以及"二十世纪后半叶最重要的美国诗人"。

（best-order notion），即这位英国诗人"桌边漫谈"（*Table Talk*）中记录的想法，"散文＝以最佳顺序排列的单词；诗歌＝以最佳顺序排列的最佳单词"。[49] 弗罗斯特似乎同意沃伦的观点，故此，他回答道："是的，我坚信这一点"。但他根本没有引用柯勒律治的内容。这种忽视或许不足为奇：柯勒律治的引言与弗罗斯特的评论没有任何直接联系，相反有效地掩盖了它们的各种含义。

与柯勒律治不同，弗罗斯特将"诗歌"视为"散文和韵文"的形式特征。无论这个特征是语言固有的，还是作者赋予的，从他的用语"单词扭曲的方式"中都无法明显区分开。弗罗斯特的其他评论也没有澄清这一点。在重复的短语"使用单词的方式，你们使用单词的方式"中，"使用"一词的每个例子都可能意味着"由作者选择和安排"和"由作者和读者理解或掌握"。一方面，"诗"可能是语言固有的，是作者开发的一个不变本质，读者可以感知；另一方面，它可能是一种效果，它的存在取决于作者或读者对语言的特定理解，要考虑到人们可能并不觉得有诗意。但是，当这种回应具有诗意时，情况也不会改变（这种理想主义的选择似乎与弗罗斯特的想法不一致，我们将会在下文看到）。值得注意的是，"诗歌"的这两方面都不会影响弗罗斯特的翻译导致遗漏的想法。无论"诗"是原文本中固有的本质还是依赖于认知的效果，他都将其视为无法在另一种语言中复制或转移的不变量。他坚信不可译性，因此设想了一种工具主义的翻译模式。

弗罗斯特大概是在职业生涯后期发表了他的著名言论，但要想理解他的工具主义，我们就必须研究他几十年前构想的诗学。在 1913 年至 1915 年间写给朋友的信中，他从韵文和散文两方面描述了定义诗歌的形式特征，他认为基本上都是有韵律的，并使用诸如"意义声调""句子声调""语气"和"语调"[50]等术语。他仔细区分了语法、含义、韵律和"意义声调"，他认为这不仅是"我们言语的抽象生命力"，而且是"诗歌的原始材料"，因此，"如果一个人想成为诗人，他必须学会巧妙打破意义声调，让所有不规律的语音跨越有规律的节拍,从而获得抑扬顿挫的语调"。[51]虽然他认为"句子声调"是"耳朵从方言中收集的非常明确的实体",但它们没有文化或社会基础,只有生物学基础,因为它们是与生俱来的:

> 若干句子(句子声调)属于人的喉咙,就像固定数量的声音属于某种鸟的喉咙一样。这些才是固定不变的。想象力无法创造它们,只能召集它们,只能召唤它们,为了那些用耳朵在声音上书写的人。[52]

弗罗斯特一度断言,"这不是我所宣扬的文学神秘主义",但是很显然,他借助生物学主义为诗学提供了形而上学的基础,想象了一套"固定的"生物学属性支配着文化实践,比如语言运用,因此超越了其他临时的决定。[53]最后,处理"句子声调"的诗人确实会经历一种神秘的体验:"我们从上帝知道的地方召唤它们",弗罗斯特写道,"在听觉想象力的刺激下"。[54]

虽然弗罗斯特"意义声调"的例子相当于英语的讲话节奏,但他偶尔也会看一眼外语,并讨论翻译外国诗歌的问题。例如,在1915年的一次采访中,他用他的白话诗学(vernacular poetics)解释了翻译的不可能性:

> 今天没有人知道如何完全读懂荷马和维吉尔的作品,因为那些说荷马的希腊语和维吉尔的拉丁语的人,和他们的语言一样离去了。另一方面,为了进一步强调与声音相比,文字更不可能传达意义,我们就以翻译为例吧。要真正理解和领会外国名著所体现的全部内容,就必须阅读原文,因为虽然可能引进语言,但不可能引进语气。[55]

弗罗斯特受到自己语音中心主义(phonocentrism)的影响,把他所奉行的诗学强加在古典诗歌上,并假设荷马和维吉尔像他一样,在他们的作品中利用

"句子声调"(sentence sounds),消除文化和历史差异。因此,他认为,在解释或翻译古典诗歌时,正如一位为人恭敬的评论家所说,"我们失去了诗歌,因为我们失去了声音"[56]。弗罗斯特承认,精通现代语言的读者能够欣赏现代语言诗歌的"句子声调",正是因为他们听过这种语言(再次假设他的白话诗学受到普遍重视并实施)。然而,即使是这些诗歌,也能在翻译时省略使之成为诗歌的形式特征:"可能引进语言",这是一种隐喻的表达,弗罗斯特似乎在暗示原文的词汇"意义"可以在翻译语言而不是"语气"中传达,因为,不同的语言很可能具有不同的"意义之音"(sound of sense)。

因此,"诗歌是翻译丢失的东西"这一说法需要一种工具模型的假设,矛盾的是,这种模型让弗罗斯特完全否认翻译的可能性。他认为文学文本就像是一个装有不变量的容器,无论这种不变量是形式的、语义的,还是有效的,读者无须解释即可感知。正如昂特梅耶尔报道弗罗斯特在他们的谈话中所说的,"诗的意思就是它所说的,它说的就是它的意思,不多也不少"。[57]定义诗歌的不变量是韵律,也就是含义上有细微差别的声音,但不懂诗歌语言的作者和读者是无法理解这种形式特征的,而且永远无法将其翻译出来。弗罗斯特断言,如果没有"句子声调","我们只能写出一篇合乎语法的散文,沉闷而又学究气十足,这在翻译中是最忌讳的,尤其是经典名著的翻译"。[58]

弗罗斯特的工具主义让他无法感知白话诗学的多个方面,也因此会质疑自己对翻译的理解。例如,古典学者可以选择将一首诗从古典语言翻译成白话风格的韵律散文(rhythmic prose),这样译文就能避免成为"沉闷而又学究气十足的散文"。但是,在弗罗斯特看来,"句子声调"是原文本的不变量,译文应该但却不能复制或转移它们,他无法想象译者可能会控制一整套的话语策略,每一种策略都会给原文本带来各种细微的差别。换句话说,弗罗斯特将翻译视为解释行为,该想法被其工具主义扼杀在摇篮里,即便译者是原语言的学术专家,并因此可以保持相当严格的语义对应,他这个想法也会创造出一种相对独立于原文本的翻译语言。弗罗斯特似乎曾经称赞过的唯一译本证明了这一点：乔治·赫伯特·帕尔默①1884年版的《奥德赛》(The Odyssey)，便是用"韵律散文"[59]写成的。

1934年，应编辑爱德华·威克斯（Edward Weeks）的邀请，弗罗斯特寄了一份十本书的清单，被收录在名为《我们喜欢的书》(Books We Like, 1936)的合订本中。他第一个选的就是一本译作：

《奥德赛》选择了自己，这是所有传奇故事中最早也是最著名的作品。帕尔默的翻译肯定是最好的。虽然劳伦斯在自己译文的前言中描述了原著作者，但他显然更像帕尔默而不是劳伦斯。十本书我只能允许选择这一本译作。[60]

弗罗斯特指的是托马斯·爱德华·劳伦斯②1932年版的《荷马史诗》，该版本同样被翻译成散文（并以"T. E. Shaw"的署名出版）。在弗罗斯特的前言中，劳伦斯说他"试图从作品的自我背叛中推断出作者"，把诗歌的浪漫主义概念当作作者的自我表达，于是他得出结论，荷马是个"有家教的书呆子"，他的作品散发着文坛和写作传统的味道。[61] 弗罗斯特不仅同意劳伦斯对荷马性格的推测，而且他本人也认识帕尔默。1897年至1899年间，他和帕尔默一起在哈佛大学学习。当时帕尔默在那里担任哲学教授。弗罗斯特对帕尔默译文的评价，似乎完全源于译者和原文作者都是"书呆子"这一观点，而这种对应创造出了"最好"的版本。

然而，对于熟悉帕尔默作品的读者来说，弗罗斯特似乎犯了一个奇怪的错

---

① 乔治·赫伯特·帕尔默（George Herbert Palmer, 1842—1933），哈佛大学哲学教授，在希腊文学和英国文学领域也出版过多部著作。

② 托马斯·爱德华·劳伦斯（T. E. Lawrence, 1888—1935），英国革命家、作家。

误。帕尔默采用了解释学翻译模型，而非弗罗斯特的工具主义，而且他们对荷马的看法也是不同的。帕尔默在前言中声称，《奥德赛》"有多少译者，就有多少版本"，并承认希腊文本可以支持多种解释，但没有一种解释能完整还原原文本，因为译者的"支持一定无法达到荷马的界限"。[62] 因此，帕尔默坚持认为，"每位译者都应该明确说明这首诗吸引他的原因，这样，读者就可以更好地理解译者过度呈现了哪些元素"。[63] 他认为译文给出的解释是片面的，既无法完整地传达原文，也会倾向于译者认为易懂和有趣的内容，毕竟他们一边要跨越原文本和文化因素，另一边还要投入翻译语言及其文化中。

所以帕尔默解释了他是如何改变希腊文本的：

> 我最欣赏荷马的地方就是他特有的心态，他独特的伦理态度；虽然他有特别的观察力和表达能力，但在我看来，他像个孩子一样面对这个世界。我向他求助，然后逃离这个复杂而需要内省的世界，现在感觉自己神清气爽多了。因此，我主要想让大家注意到他的朴实、他的现实主义，还有他能在儿童找到快乐的地方找到快乐；我还想让大家注意到他缺乏自我意识，他对一件事或一个事实感兴趣并非出于任何不可告人的原因，仅仅因为它是一件事或一个事实。[64]

这个解释让帕尔默将荷马与其他史诗诗人区分开来，他还明确提到了维吉尔和弥尔顿，他说，这两个人"都是公认的书呆子"，拥有"更发达的精神状态"[65]。为了保持这种区别，他选择"模仿"希腊文本的文体特征，"体现了一个积极、健康、敏感的孩子的语言特征"，包括"如果人们认为语言生动，它的句法就会充满美感"。[66] 因此，除了"祈祷和庄严的场合"外，帕尔默更喜欢用 you 而不是 thou，因为他喜欢"讲话的措辞而不是书本的措辞"。[67]

人们不禁要问，既然帕尔默有意刻画一种与精致文学（literary

sophistication)相对立的解释,弗罗斯特怎么会把帕尔默的译文看作是"书呆子"荷马的表达呢?弗罗斯特的白话诗学和帕尔默对其翻译方法描述之间有着惊人的相似之处,但弗罗斯特从未评论过。这位诗人显然觉得他先前老师的版本没有多少"生动的语言",这是值得称赞的。虽然托马斯·爱德华·劳伦斯对荷马文本的描述前后矛盾,但弗罗斯特还是采用了,并认为它与帕尔默的版本相符。显然,在这种情况下,弗罗斯特潜心研究工具主义,最终压制了希腊文本、评注和译文之间可能出现的任何区别。

德里达的悖论

"traduttore traditore"和"poetry is what is lost in translation"这两句谚语多次被引用,我也已经分析了它们的不同用法。通过探索它们对特定模式的假设如何产生理论概念和话语实践,导致翻译思维遭到破坏。工具模型认为翻译是对原文本不变量的复制或转移,它对产生和使用谚语的文本起着决定性的控制作用。由于这种模型优先考虑某些解释,而排斥其他解释,因而引起了人们对译者语言能力的怀疑。更成问题的是,工具主义产生了不可译的概念,这些概念与创作和接受文本的形而上学概念有关。现在已经证明杜·贝莱关于诗歌"天才"的评论和弗罗斯特关于"句子声调"的诗学是有影响力的例子。工具主义揭示了解释学模型的可能性,该模型认为翻译是一种解释行为,会根据接受语文化的可理解性和兴趣来改变原文本。但这种竞争模型有时会因为贬损所有评论(佛朗哥)或认可某一评论家(尼姆斯)而被明显压制,有时则会因为提及某一特定的对等概念或话语策略(杜·贝莱、雅柯布森)而被默默压制。谚语的不同用法表明,翻译模型和翻译策略之间并没有必然的联系。工具主义可以与脱离原文本词汇和句法特征的策略相一致(卡鲁),而遵循这些文本特征也可以实现对翻译的解释学理解(帕尔默)。

乔治·斯坦纳认为，数千年来的翻译理论和评注都缺少思想，但这一观点并不完全正确。即使翻译谚语被反复引用，但如果考虑到它们在特定语境中的用法，也会显示出概念上的差异。某种一致性存在于更基本的层面，即认知层面，但在这里，理论陈述背后的模型可能是疑难的（aporetic），或处于矛盾中的。原文本不可译或翻译往往不可能实现的说法一般以工具模型为前提，因为该模型总是让人们认为不可能有成功的译文。换句话说，不可译性需要用独特的方法来理解翻译的失败，因此需要翻译理论来断言翻译是不可能的。此外，一个特定的理论陈述可能受以下其中一种模型的支配，就像我所研究的谚语一样，或者它可能同时依赖于两者，就像雅柯布森的文章一样，因此有关翻译概念和实践的评论从认识层面上揭示了矛盾或逻辑的不连续性。

为了进一步展开这一点，我想说明德里达的悖论"Rein n'est intraduisible en un sens, mais en un autre sents tout est intraduisible"（在某种意义上，没有什么是不可译的；但在另一种意义上，一切都是不可译的），也许是近年来假借翻译谚语之名中最巧妙的表述。无论是法语还是英语，这句话都以某种方式在互联网上获得了数万次点击，其中大部分出现在学术出版物和学术博客上，但可以肯定的是，这表明学术也可能无法幸免于老生常谈。除了德里达自己的著作外，最常被引用的例子可能就是艾米莉·阿普特的研究《翻译地带》（*The Translation Zone*，2006），这句悖论的前后半句成为了不同章节的标题，但无论是章节，还是本书的其他部分，实际上都没有考虑德里达所说的悖论可能意味着什么，显然把它视为不言自明的。[68] 这种缺漏是有征兆的：德里达的这句话尽人皆知，现在，可以在学术界鼓励用机械记忆的思维方式看待翻译了。

尽管早在20世纪60年代，德里达的作品中就出现了关于翻译的评论，但直到大约30年后，他才开始给这个悖论赋予机械式的性质，特别是在1996年《他者的单语主义》（Le monoingualisme de l'autre）和1999年《什么是"确当的"翻译？》（Qu'est-ce Qu'une traduction "relevante"？）。在这两篇论著中，该悖论根植在阐述中，将每一半都简化为抽象含义，揭示其隐喻性，同时把它们转化成三个不同要旨的载体：第一，翻译策略和副文本；第二，对等概念；第三，不可译性的概念。德里达最初建议"on peut tout traduire, mais dans une traduction lâche au sens lâche du mot 'traduction'"，尽管英语译者帕特里克·门萨（Patrick Mensah）给出了一个还原为被动语态的版本，省略了表示能动性的代词（on，可能被翻译成 one 或 you，甚至是 a translator），让英语更接近谚语的简洁形式："任何东西都可以翻译，但要在松散的翻译中，在'翻译'这个词的松散意义上进行翻译。"[69] 德里达后来解释了 lâche 或"松散"翻译的含义，设想了一种包括但不限于语际翻译的策略：

> 如果译者精通至少两门语言和两种文化，两种包含社会历史知识的文化记忆，而你又付出了世界上所有的时间，以及需要解释、澄清和教授待译文本的语义内容和形式的词句，他就没有理由在作品中遇到不可译或漏译的内容了。[70]

德里达心目中的"所需要的词句"，不仅是有自由的翻译、脱离逐字翻译的对等，而且还增加了"译者注"这样的副文本元素，将翻译与评论相结合。然而，他指出，"这种操作，不是所谓的翻译"，因为今天的翻译坚持将"经济原则"作为一种实践：

> 在翻译一个词所谓本义的同时，其字面意义（即可确定的，而不是形象化的意义）确立为法律或理想的一种翻译，即使它仍然是无法理解的，当然，不是词对词，也不是逐字逐句，但仍尽可能地接近"词语间的对号入座"，从而将言语量作为单词的数量，每个单词都是一个不可简化的主体，一种声音形式中不可分割的统一体，包含或表示含义或概念

的不可分割的统一性。[71]

德里达评论说:"这种经济对等"是"绝对不可能的"。[72] 因此,那句悖论的每一半最终都变成了一个不可译的概念:一方面,松散翻译不仅是简单的翻译,还包括因单纯翻译失败而增加的评注;另一方面,如果一篇译文以词为单位去解释原文本含义,那么只能以失败告终。

然而,德里达悖论的最特别的地方在于,不管他用什么话语来解释,不管他是在西塞罗和哲罗姆的翻译评论中引用了该词的本质主义,还是在他自己的后结构主义思想中引用了该词的解构主义,这个悖论都假定了一种工具主义翻译模式。这一点在德里达提到的翻译"没有剩余"(sans reste)[73]中很清晰。"语言剩余"(remainder)指的是原文本中没有翻译或由于某种原因不可译的特征,因此它含蓄地将原文本视为一个装满不变量的容器,翻译应该但不能复制或转移这些不变量。德里达解释道,经济对等把这个词视为"一个不可简化的主体",其中能指和所指都是"不可分割的统一体",同时他发现这种对等是不可能的,因为他在其他地方称之为差异(différance)的东西,即差异沿着一条看似无穷尽的能指链上发挥作用——多义词、互文,取决于无限的联系——其中意义总是有所不同,带有延迟,是一个充满可能性的地方。[74] 然而,他提出"每当几个词以一种或相同的声学或图形形式出现,每当谐音或谐音效果出现,从严格意义、传统意义和主导意义上来说,翻译都会遇到无法逾越的限制"时,工具模型便开始发挥作用:从翻译的角度看,语言的原始差异多元性构成了一种不可复制、不可转移的不变量。[75] 同样的结论也可以从德里达的断言中得出,即"一个特定的'形式'量往往无法恢复原文的单个事件":人们把翻译看作是经济对等的过程,面对这种过程时,"事件"在其所有不可简化的单一性中,实际上已经变成了不变量。[76] 德里达的悖论,像其他宣称翻译不可能的谚语一样,仍然处在工具主义的概念范围之内。

第二章　谚语的不可译性

然而，德里达曾经确实提出了一种截然不同的翻译模型。在一次演讲中，他根据翻译准则解读了莎士比亚的《威尼斯商人》，认为鲍西亚将夏洛克的犹太语"正义"翻译成"仁慈"来支持"基督教国家"，他提到了她的法语版本，"当仁慈突出正义"。[77] 他指出，他的版本"不会对**翻译**这个名称做出回应"，即**翻译**"通过任何无关紧要的能指载体，把一个完整的符号转移出去"，因此他含蓄宣布自己放弃了工具模型。[78] 此外，他的翻译透露着一丝智谋，具有解释作用，其重点是 seasons（加调味料）这个关键词：

Je tradurai donc seasons par "relève" : "when mercy seasons justice", "quand le pardon relève la justice (ou le droit)".

I shall therefore translate "seasons" as "relève" : "when mercy seasons justice," "quand le pardon relève la justice (ou le droit)" [when mercy elevates and interiorizes, thereby preserving and negating, justice (or the law)].[79]

因此，我会把 seasons 翻译为 relève①："当仁慈突出正义"，"quand le pardon relève la justice (ou le droit)"［仁慈促进和内化正义（或法律），从而维护和否定正义（或法律）］。

德里达用 relève 来翻译 seasons，他三十年前就用这个法语词翻译了黑格尔的辩证法术语 Aufhebung（扬弃），德里达将该词称为"提升和取代的双重主题，保留了它所否认或破坏的东西，保留了因它而消失的东西"。[80] 在为德里达翻译的英文版演讲中，我试图在括号内插入一个包含黑格尔互文的广义译文

---

① relève（原形为 relever）为法语动词，"使……突出"。

来表明他分配给 relève 的概念密度。他的选择表明,他运用了我称之为一组解释项的东西,其中两个值得在这里详细说明,因为它们对他的翻译很重要:一个是形式或结构上的解释项,即通过逐字翻译建立的经济对等,而另一个是主题或语义上的解释项,即他对黑格尔辩证法的独特理解。把鲍西亚的台词翻译成法语至少需要德里达运用这两个解释项,而他实际上用解释学模型取代了他工具主义的悖论,在该模型中,翻译保持了以词作为翻译单位的语义对应(他对此进行了十分详细的解释),同时也在原文本中记录了解释。

德里达不愿给他的译作贴上标签,另外他认为英语版本"不够充分或透明",虽然工具主义仍主导着当代翻译思想,但他十分清楚该脱离工具主义了。[81] 他认为他的版本"设想了一种新的写作或改写形式,具有表演性或诗意"。[82] 对于讲法语的人来说,创作、实现(以及取代)鲍西亚的台词要具有强烈的奥斯汀风格,从这一角度看,他译文体现的解释极具表演性,而人们可能认为它充满诗意,因为它充当一种身份或比喻,与德里达对黑格尔哲学的评注形成了类比。正如我们对德里达所期待的那样,这里的解释学是疑问句,其影响出现在三种语言中:英语、德语和法语。首先,当鲍西亚把夏洛克对正义的要求翻译成基督教的慈悲话语时,她用了 relève 来翻译 seasons,是在质疑其中的同化力,该翻译意味着犹太人被全部征用并被迫皈依基督教。但是,它也指向了黑格尔"扬弃"背后的基督教形而上学,"作为基督教真理,哲学运动和绝对知识运动通过仁慈的经验来实现"。[83] 最后,德里达选择从 relève 入手,对弗朗索瓦·维克多·雨果提出了质疑。正如德里达所观察到的,在十九世纪版本的《威尼斯商人》中,雨果选择了 tempère① 来翻译 seasons 一词,这个选择既不"算错",也不"算差",但这是一种软弱的解释,不足以质疑基督徒对待夏洛克的方式。[84]

---

① tempère(原形为 tempérer)为法语动词,"缓和"。

我们已经超越了德里达的演讲,阐明了其实验性翻译的假设和效果。他很快就把黑格尔辩证法定义为"从严格和纯粹意义上来说的语际翻译体系",并坚持辩证法的"基督教维度",现在可以认为这种辩证法在翻译中的应用是工具主义的。[85] 但德里达忽视或搁置解释学模型可能产生的理论概念和实践策略,而该模型正是他创新实践的深层原因。我们刚开始意识到,如果我们质疑翻译谚语及德里达的悖论中所蕴含的传统观念,那么这条研究线路可能会极有成效。

第三章　字幕翻译的困境

当前字幕翻译和培训中的工具主义

在过去的三十年里，视听翻译（audiovisual translation）已经成为一个独特的学术领域，关于字幕的文献也已经积累了大量的期刊文章和研究专著、论文集和会议记录、说明书和参考书目、硕博论文。[1] 研究呈指数级增长的同时，学术机构和专业协会也在全球范围内增加了提供字幕指导的项目和课程。在许多情况下，这些机构的工作人员都来自电影和电视行业，他们都是经验丰富的字幕工作者。然而，在大多数的研究和培训中，无论翻译的基本理论是预设的还是明确的，都不会有显著变化。反复强调意义的"转移"或"再现"，其实就是在设想工具主义翻译模型。

在2011年的一项研究中，简·皮德森[①]断言"语际字幕的独特之处就在于，信息不仅可以从一种语言转换到另一种语言，还可以从一种模型转换到另一种模型：从口语模型（通常）转换到书面模型"[2]。克里斯汀·施蓬霍尔茨（Christine Sponholz）2003年在约翰内斯·古腾堡-美因茨大学的本科论文同样在一开始就断言"语际字幕转化了话语的含义"，此外，她对西欧大学的翻译项目做了调查，在教师们希望学生获得的"特殊技能"中，排名第一的就是"选择和浓缩信息精髓的能力"[3]。亨里克·戈特利布[②]在1991年的一篇会议

[①] 简·皮德森（Jan Pedersen），斯德哥尔摩大学翻译学教授。
[②] 亨里克·戈特利布（Henrik Gottlieb，生于1953年），哥本哈根大学教授，从事英语、日耳曼语等研究。

论文中承认，"通常字幕确实不能真实地再现原始信息"。戈特利布曾在丹麦电视台做过10年的字幕师，后来成为该领域的大学学者兼教师。但他仍然断言，"一个有责任心且有才华的字幕员是可以把信息损失降到最小的"[4]。

这种说法建立在工具主义翻译模型上，因为假设字幕再现了电影原声带中不同语言所包含或由其引起的不变量，主要是语义不变量，包括"消息""含义""信息"，但也可能是形式或有效不变量。因此，在1998年关于字幕的百科全书条目中，戈特利布断言"意图和效果比孤立的词汇元素更重要"，但他没有考虑到，作为翻译单位的单词、短语或句子的贬值会如何影响语意传达。[5] 相反，他不自觉地将含义视为一种不变本质，根植在原声带的对话或旁白中，而字幕被认为是完整或充分地再现了这一本质，即任何"损失"都是无关紧要的。如果在这种工具主义的字幕方法中引用损失的概念，它与不可译性的任何理论论据则毫无关系。恰恰相反：本质主义的语言概念促进翻译的发展，并巩固了损失概念，使其看起来并无问题。

更值得注意的是戈特利布的声明，即言语行为的"语用维度""让字幕工作者可以不受限地采取某些语言自由"，因为这种媒介施加了时间和空间上的物质限制：观众阅读字幕的时间很短，通常是几秒钟，大多数语言的字幕都要求位于屏幕框底部的两行，每一行不超过40次击键，包括字符和空格。[6] "自由"包括口语的浓缩，也就是戈特利布所说的"减少定量对话"[7]。皮德森引用的统计数据表明，一部电影中对话的"定量浓缩率可能平均为三分之一"，但这种相对较高的比率并没有让他质疑字幕是否真的再现了语义不变：在他看来，"戈特利布已经表明，相同数量的信息不会造成质量损失。相反，浓缩的是口语特征，比如以重复和口误为开头"。此外，"观众可以通过其他渠道得到补偿"，即视听渠道，"所以信息的全部损失并不像量化数据显示的那么可怕"[8]。相反，戈特利布认为，"即使是有准备的演讲，包括带稿讲话，也可能包含很多冗余，因此，轻微的压缩反而会增强潜在信息的有效性"。[9]

在假设配音的基本含义时，工具模型保证，即使在字幕中省略了大部分配音，其含义仍然完好无损。"潜在信息"似乎可以立即复制；数量上的减少并不涉及任何可以明显改变信息的解释，也不涉及解释本身，因为它会根据口译员的方法、受众或文化情况而变化。制订字幕的其中一个因素是观众，一般认为观众会消耗认知加工的工作量，这一数量对字幕电影的所有观众来说是一致的，对翻译工作者来说也是不言而喻的。在一本过去十年广为流传的字幕手册中，豪尔赫·迪亚兹-辛塔斯[①]和艾琳·雷梅尔[②]从语用学的角度借鉴了关联理论，观察到"观众理解台词所需的努力与其理解电影叙事的相关性之间存在一种平衡，决定了是否将其包含在译文中"[10]。然而，字幕工作者只能通过一种相当激进的解释来确定这种"相关性"，不仅区分出可能的含义，还可以区分出可能破坏它的内容，从而区分出需要浓缩或省略的内容。

我的目的是质疑普遍存在的字幕解释。它缺乏理论深度，无法对其自身的思想以及由此产生的翻译实践进行彻底的批判。因此，它产生了纯粹的神秘性，而不是用全面而深刻的方式解释字幕。主要的问题是这种解释所依赖的工具主义：如果要推进字幕的研究、教学和实践，就必须抛弃这种翻译模型。

作为阐释的字幕翻译

只要仔细检查被浓缩或删减过的字幕，就会发现广泛接受的叙述是有不足之处的。例如，在阿尔弗雷德·希区柯克[③]1960年的电影《惊魂记》中，秘

---

① 豪尔赫·迪亚兹-辛塔斯（Jorge Diaz-Cintas，生于1964年），伦敦大学翻译研究中心教授、视听翻译教学与研究的国际领先学者。
② 艾琳·雷梅尔（Aline Remael），安特卫普大学翻译理论和视听翻译荣誉退休教授。
③ 阿尔弗雷德·希区柯克（Alfred Hitchcock，1899—1980），美国著名导演、编剧、制片人、演员，尤其擅长拍摄惊悚悬疑片，代表作有《电话谋杀案》等。

书玛莉莲·克莱恩从雇主那里偷了4万美元后,买了一辆二手车逃跑。她开进停车场,顺手买了一份报纸翻看,并未注意到之前询问过她的警察把巡逻车停在街对面,正在观察她的一举一动。此时,她正在躲避警方的追捕,因此镜头的顺序在叙事中制造了悬念,特别是与伯纳德·赫尔曼[①]的一系列变调渐强的独特配乐相结合。在克莱恩急着和那个卑鄙的汽车推销员达成交易时,警察看着她的那个主观镜头[②],暗示了她害怕被逮捕,这从她的面部表情中就可以看出来。在这个主观镜头拍摄中,推销员在屏幕外评论道:"人们在买二手车时最不该做的一件事,就是着急。"[11]

这部影片的DVD版本包含意大利语、法语和德语的字幕,但为适应传统的空间限制,减少了英语注释的字数,因此每行字幕在23到39次击键之间:

Non si dovrebbe mai andare di fretta

quando si compra una macchina.

[One should never be in a hurry

when one buys a car.]

[买车时千万不要着急。]

On ne devrait pas être pressé

quand on achète une voiture d'occasion.

[One should not be hurried

when one buys a used car.]

---

① 伯纳德·赫尔曼(Bernard Herrmann, 1911—1975),美国著名电影配乐作曲家。
② 主观镜头(point-of-view shot)是一种电影和电视制作中的表现手法,它通过将摄影机的位置置于影片中某位演员的位置上,以该演员或某物体的视点向观众展示景物,从而模拟剧中人物的视角和感受。

［买二手车时不要着急。］

Beim Gebrauchtwagenkauf
sollte man es nie eilig haben.
[When buying a used car
one should never be in a hurry.]
［买二手车时千万不要着急。］[12]

在重新排列从句的过程中，意大利语和法语译者让字幕的句法符合他们语言的标准方言。德语译者也遵循了德语的规范语序，但以不同的方式重新排列了从句，至少在一定程度上模仿了推销员台词的逻辑脉络，这里有句法不规范的地方（详见下文）。在每种情况下，重新排列显然都是为了"提高可读性"，应该用"字幕的句法结构，越简单、越常用，以此来解读它的含义就越省力"的原则。[13] 一位评论员这样解释这些译文。然而，这种纯功能性的解释需要机械遵守当前的字幕惯例，因此，它在理解字幕带来的影响上仍然是肤浅的。正如迪亚兹-辛塔斯和雷梅尔观察到的，"大多数字幕都偏爱传统和中性的词序，以及简单的、语法正确的常规句子"。[14] 更透彻的解释会解决译者的决定如何影响对话的性质、语言和修辞维度，解决它在构建观点和人物塑造中的作用、主题的展开以及它与视听元素（比如语调和场面调度）的关系，最后，还要解决这些特征如何相互作用，引出整体的视听效果，征求观众对这一场景的理解。我们可以更精确地问，译者的语言选择如何影响解释，使其排除其他的解释性可能呢？

根据词典对英文台词中几个关键词的定义，字幕清晰地保持了语义对应关系。然而，关于它们的词汇和句法特征以及它们对语气和人物塑造的影响，还有更多说法。它们不仅使用意大利语、法语和德语的标准方言，而且还使用非个人的结构:"non si dovrebbe mai"(你永远不应该)、"on ne devrait pas"(你不应该)和"sollte man..."(你绝不应该)。因此,语气有点正式,所以在这三个版本中,销售人员在向客户提供建议时显得很有礼貌。也许意大利语版本更有帮助,它省略了 used(二手)这个词的翻译,提醒人们在购买任何汽车时都要谨慎。

然而,英语台词可以支持另一种完全不同的解释。推销员的语言中包含了许多发音明显口语化的非标准词语(buying 中的 g 省略,以及 ought to、they are、they are 和 that is 的缩写),在词汇(people 的广义用法)和句法(在 One thing people 结构中省略连接词 that 和接近末尾的错格,其中句子在 and 一词处发生句法转变)。英语的语域远低于意大利语、法语和德语,这位推销员最初给人的印象是话多,而且性别歧视,还有几分优越感("做任何你想做的事",他告诉克莱恩,"成为你想成为的人"),现在显得语速飞快,语气讽刺,甚至怀疑克莱恩急于达成交易。意大利语、法语或德语的字幕可以说明这种解释,并且仍然符合传统的空间限制。通过改变标准方言的使用,使用更直接和谈话式的称呼,即使它依赖于每种语言中对你的礼貌形式:"Lei non dovrebbe mai"(她不应该);"Vous ne devriez pas"(你不应该);"sollte Sie... nie"(你永远不应该)。意大利语、法语或德语字幕翻译者如果察觉到英语的语域偏低,甚至可能会使用熟悉的代词形式,翻译成明显的口语版本:"Tu non dovresti mai"(你永远不应该);"Tu ne devrais pas"(你不应该);"solltest du... nie"(你永远不该)。

需要明确的是,我并不是说我对推销员这一视听形象的解读是正确的,也不是说我建议把对话式或口语化字幕作为备选项是正确或准确的。不管你同意我的解读,还是同意设计对话式或口语化字幕的想法,它们都不会因此变得正确或准确;这就意味着我的论证是有说服力的,即使我的解读是基于与视听图像相关的字幕的语言特征,但也只是修辞效果。事实是,如果视听图像不是相互排斥的话,它们至少可以支持两到三种曲解逻辑的解释:推销员是礼貌地帮助别人，还是讽刺地怀疑别人，或者两者兼而有之。每一种解释都可以导致特定的口语化翻译，实现特定的语言选择，而不是其他选择。此外，观众如何解读字幕会确保对视听图像、蒙太奇和演员声音的准确解释，反之亦然，观众对图像的解读可以确保选择特定的字幕解释。汽车推销员说这句话时并没有出现在镜头里，这加重了我刚说的不确定性。

换句话说，影片原声带不能以非中介的形式出现，也不能以缺少视听图像和字幕（如果有的话）所产生的细微差别的形式出现。因此，对原声带的所有评论已经是综合视听元素的解读。我用正字法[①]抄写了这位推销员的台词，不仅强调了他的口语化语言和纯粹的口述，还强调了他对玛莉莲·克莱恩的态度是非正式但又熟悉的。即使我将意大利语、法语和德语字幕翻译成英语，也应该被视为一种解释，因为英语版本通过强调每种语言中不同的代词形式来确定意义，无论是无人称的、正式的/礼貌的，还是非正式的/熟悉的。

此外，任何解释都不能仅凭与原声带的对比就享有特权，因为解释需要确定具体的言语行为以及视觉图像的形式、含义或效果来为这种比较建立基础或标准，因而确定本身就是一种解释行为。因此，意大利语、法语或德语的对话式或口语化字幕不一定更适合英语台词：它取决于一种预先的解释，将英语确定为对话式或口语化，为意大利、法国和德国观众建立一个不同的互文和互为话语的网络，并寻求一种不同于英语文化中致敬原声带的接受方式。任何偏离这些翻译语言的标准方言，尤其是偏离无人称或正式/礼貌的形式，都会引起观众的注意，因为这意味着推销员与潜在客户进行如买车一样的交易时，背离了所适用的语言和社会惯例。对一些观众来说，在意大利语、法语或德语中，使用熟悉的"你"这种形式可能会将推销员描述为不礼貌的，甚至是爱挑衅的

---

① 正字法（orthography），是指使用正确的拼写方法来书写英语单词的规范和准则。该术语来自希腊语单词 orths，意思是"正确的或真实的"，graphein 是"书写"的意思。

人,而不再是乐于助人的人。

字幕表明,每次翻译都需要在原文语境和译文语境之间转换。通过拆解、重新排列和替换构成原文的特征,翻译让原文脱离复杂的原始语境(语内、语际、话语间、符际或媒介),因为这些特征支持原文文化中的意义、价值和功能。同时,翻译将构建一个不同但一样复杂的语境,使其不再仅仅被称为"原文本":它被译入语所改写,并具有不同的基本特征,可以支持目标文化中的不同含义、价值和功能。

工具主义翻译模型是众多字幕研究、教学和实践的基础,但它没有考虑这些因素,因此也无法分析语言选择和解释行为之间的联系。事实上,它甚至没有认识到这种联系的存在,也没有认识到可供字幕工作者选择的解释范围。为了探索这些可能性,我们需要采用解释学模型,将翻译视为一种解释行为,根据译者选择的条件,例如语言、文化和社会等等来构建解释,从而改变原材料的形式、含义和效果。这些条件来自原语文化和目标文化,是在原文和译文之间起到中介作用的形式和主题解释项,例如,一种特定的对等结构,或视听图像的特定解释。正如我在本书中一直主张的那样,只有解释学翻译模型才能揭示翻译的多种条件,并避免工具主义带来的神秘色彩。解释学模型理所当然地认为翻译就是转换,即使严格遵守语义对应或建立近似的风格也是如此。它不仅对原材料中记录的解释提供了透明的描述,还要考虑原文和译文的文化环境中这种记录带来的影响,设法承担起这种转变的责任。

如果我们用解释学模型来研究翻译特定文化项目带来的难题,用皮德森的术语来说,是"语言之外的文化参照"(extralinguistic cultural reference),那么该模型带来的进展就会更加明显。他将这种引用定义为:

> 借助任何文化语言表达的企图,指的是语言外的实体或过程。上述表达的所指物是能被相关受众接受的典型例子,因为该所指物在这些受众的

常识范围内。[15]

皮德森举了拉里·吉尔巴特（Larry Gelbart）和吉恩·雷诺兹（Gene Reynolds）的电视剧《陆军野战医院》（M*A*S*H）为例，这部电视剧不仅在美国长期播放（1972—1983），而且在国外也很受欢迎。其中有一集，精神错乱的情报官员萨姆·弗拉格上校（Colonel Sam Flagg）解释了他是如何教会自己不要大笑或微笑的："我看了100个小时的《活宝三人组》（Three Stooges）。每次我想笑的时候，我就用赶牛棒戳自己的肚子。"[16] 皮德森发现，"斯堪的纳维亚观众并不能理解"《活宝三人组》笑点何在，所以丹麦字幕员用另一个"可理解的"引用代替了它，在译制到丹麦语时用了"Gøg og Gokke"，这一短语传统上用来翻译"Laurel and Hardy"[①]（劳雷尔和哈代）：

> Jeg så Gøg og Gokke film i 100 timer.
> I watched Laurel and Hardy movies for 100 hours.
> 我看了100个小时劳雷尔和哈代演的电影。[17]

皮德森评论道，一些丹麦观众可能未经思考，就认为这种译法是不对的，虽然他在限制这种反应，但他们可能会注意到原声带上的英语台词和丹麦字幕之间的差异。

然而，皮德森认为，这个选择没有错，是"一个非常恰当的解决方案"，它实际上建立了与英语对等的概念。他断言："字幕制作者追求的是效果的对等，而不是信息的对等。"[18] 皮德森引用了翻译理论家尤金·奈达的"动态对

---

① 劳雷尔和哈代是英国演员斯坦·劳雷尔（Stan Laurel）与美国演员奥利弗·哈迪（Oliver Hardy）组成的喜剧二人组，在1920年代至1940年代极为走红。

等"概念来解释这一区别,该概念基于奈达所说的"等效原则"。用奈达的话说:

> 在这样的翻译中,人们关注的不是译文信息与原文信息的匹配,而是它们之间的动态关系,即受话者和信息之间的关系应该与原受话者和信息之间的关系在本质上保持一致。[19]

像之前的奈达一样,皮德森也设想了工具主义翻译模型:把对等效果理解为由原文本引起的不变量——在这种情况下,对话中文化参照的喜剧效果——而字幕被认为可以直接复制或转移这种效果,无须做任何改变。然而,皮德森只有忽略各种复杂因素,才能做出这样的假设。劳雷尔和哈代实际上已经取代了《活宝三人组》,并因此发生了显著的变化。一些丹麦观众也许能理解英语,并察觉到其中的差异。而无论是在丹麦还是在英语国家,不同的观众群体可能会对这两个喜剧团队有截然不同的反应。

这些因素无疑表明,对等效果的概念属于天真的幻想。因为翻译需要在原文和译文的语境之间来回转换,所以没有任何一种翻译能让译入语读者做出与原文读者相同或相似的反应——即使我们忽略读者来自不同文化背景的问题,因此要想描述人们对原文本的各种反应,就要指定原语言的一部分读者。在现实中,对等效果的概念会涉及一种通常未经检验的解释行为:它将原材料及其译文简化为一个共享的意义,消除所有形式和主题上的差异,并在工具模型的基础上做了语义简化,其中假定含义是不变的,不论是在相同还是不同的历史时刻,摆脱了相同或不同社会形态中不同文化群体经常出现的变化。在丹麦版《陆军野战医院》的例子中,这种共享的含义可能被称为"滑稽喜剧团队",或者更准确地说,是以肢体和口头喜剧为形式的粗俗幽默。

因此,皮德森的工具主义排除了其他解释的可能性。因为事实是《活宝三人组》不等于劳雷尔和哈代,这两个喜剧团队有自己不同的套路,也收获了观众不同的反应,不管这些观众是精英还是普通人。在美国,这两个团队都很受欢迎。但《活宝三人组》在电影研究中长期被边缘化,因为人们认为他们的闹剧幽默有些浅薄,"过于粗俗,不适合用于研究",而劳雷尔和哈代则比较成熟,至少早在20世纪60年代就成为了学者关注的对象。[20] 劳雷尔和哈代在斯堪的纳维亚半岛也很受欢迎,他们的名字还被指定为斯堪的纳维亚语的传统翻译,不仅他们的电影在该地区上映,而且在20世纪40年代他们还去那里完成了巡回演出。正如皮德森所说,《活宝三人组》的电影"从未在斯堪的纳维亚半岛上映"。[21]

考虑到这两个喜剧团队在国际上的受欢迎程度,从《活宝三人组》到 Gøg og Gokke 的引用变化,不能被简化为难以理解和容易理解的笑话之间的简单区别。首先,它影响了弗拉格上校这一角色的塑造,他在英语中更滑稽,但在丹麦语中更讨人喜欢,欣赏经典喜剧电影时也更有教养,当然这取决于观看该剧集的观众,以及他们对英语电影传统和类型的了解程度。此外,对任何认同传统翻译的丹麦观众来说,使用 Gøg og Gokke 可以归化弗拉格的台词,通过将美国电视节目融入丹麦主流文化价值观(一种熟悉的大众文化形式)来消除其文化差异。如果保留了对《活宝三人组》的引用,并将其翻译成丹麦语,观众未必不能理解:一些观众可以从上下文和弗拉格提到的"微笑"中推断出,它意味着一种喜剧形式,而且喜剧事实上非常有趣,所以有必要用赶牛棒的电击来抑制笑声。更重要的是,保留《活宝三人组》会同时给人一种异类的感觉,因为它意味着喜剧起源于另一种文化,但从未在斯堪的纳维亚地区流传。使用 Gøg og Gokke 模糊了国外和国内的区别,给《陆军野战医院》增加了熟悉感,甚至有点丹麦语的味道,并产生一种自满的反应,这种反应可能也会认可文化参照。

皮德森认为配音中的此类引用是"语言外的",该观点无疑是受到工具主义的压迫而产生的一种不合理的归化。一个有特定文化内涵的项目永远不会脱离某种形式的表征或符号过程,因此在文化形式和实践中,它通过不同的媒体(印刷和电子)以及这些媒体所在的不同机构进行流通,从而产生了重要意义。只有由本质主义的语言概念产生的归化,才能将一个项目从这个既复杂又需要积累的文化过程中分离出来。劳雷尔和哈代被翻译成 Gøg og Gokke 后,在丹麦的受欢迎程度也与英语国家不同。毕竟,他们的无声和有声电影本身都是翻译过来的,即放映时带有丹麦字幕和幕间旁白。

如何阅读字幕

有人可能会认为,字幕工作者擅长处理我们所研究的这类翻译问题,会对解释学模型产生一种直观的感觉,并认为他们的工作从根本上是一种解释行为,改变原材料是不可避免的。但这种情况似乎出现的次数并不太多。无论是在工作中学习字幕,还是在翻译培训项目中学习字幕,他们对自己工作少见的描述不仅缺乏反思,而且不具批判性,表现出一副不愿质疑当前字幕规范的样子。

亨利·贝阿尔(Henri Béhar)是法国一位著名的字幕工作者,同时也是法国广播和电视节目的制片人和导演,他举了一个生动的例子。自 1983 年以来,贝阿尔已经为 100 多部法语和英语电影配过字幕。他为阿托姆·伊戈扬[①]和伊恩·贝尔福[②]2004 年的论文集《字幕》(Subtitles)撰写了一篇文章,他在里面讨论了他为阿兰·卡瓦利埃[③]1986 年的电影《圣女泰蕾丝》(Thérèse)创作的

[①] 阿托姆·伊戈扬(Atom Egoyan,生于 1960 年),加拿大籍亚美尼亚裔导演、编剧、制片人。
[②] 伊恩·贝尔福(Ian Balfour),约克大学教授,主要研究浪漫主义诗歌和散文。
[③] 阿兰·卡瓦利埃(Alain Cavalier,生于 1931 年),法国导演、编剧、演员。

英文字幕：

> 那个即将成为圣女泰蕾丝（Sainte Thérèse de Lisieux）的年轻修女对基督有一种不受约束的、少年般的热情，她和耶稣的"争吵"带有情人拌嘴的味道。我决定（在卡瓦利埃同意的情况下），使用小写字母用来指代基督（用 he 代替 He，用 thine 代替 Thine，等等）。一位美国影评人在点映中看过这部电影，他认为导演"不尊重观众，把泰蕾丝和耶稣之间的对话简化成了一场情人间的争吵"。[22]

在他的语言选择中，贝阿尔假设了一种解释学模型，尽管他是无意的。当他写"我决定"时，他委婉地描述了他对两种解释的应用：一种是形式上的对等概念，可以将其定义为与法语对话的语义对应，贝阿尔称之为"试图确保你理解正确"[23]，而另一个是主题上的，他自己对泰蕾丝的心理状态和宗教信仰的解释（她对基督的"不受约束的、少年般的热情"表达为"情人的争吵"）。贝阿尔也因此创造了一种独特的风格，即另一种形式上的解释：包括泰蕾丝称呼基督时的小写字母，以及现代标准英语和非标准英语（包括口语，就像 beefs 这个词所暗示的那样）的混合，还有早期现代形式，如 thine，让人想起钦定版《圣经》。贝阿尔明确表示，即使没有使用"解释"一词，他也把自己的语言选择视为解释行为。他"决定"做出这些选择，就意味着他本可以做出其他决定，选择不同的语言，解读泰蕾丝对基督奉献的不同解释。

相反，美国评论家的反对是以盛行的工具主义为基础的。评论家认为，导演卡瓦利埃在剧本中设置了一个语义不变量"情人的争吵"，这在配音中记录的"泰蕾丝和耶稣之间的整个对话"中有象征意义，随后在字幕中以连贯的表意链再现。在这种工具主义的回应中，贝阿尔的关键性介入被忽略了：评论家指责的是导演，而不是字幕工作者。贝阿尔当然可以使用传统的标点符号、用大写表示神圣的数字，以及当前的标准英语。在这里，评论家也看不见字幕工作者的工作是解释，但这只因为描述一个年轻修女对基督的讲话时，字幕工作者会采用评论家认为最可接受的解释：严格遵守语言规范，展现对神尊敬的正式语体。评论家的工具主义掩盖了而非揭示他自己的解释行为，其中宗教表现是为了回应文体规范的概念，从而产生现实主义幻觉，一种在圣人的传记影片中可以代表现实的特定概念。

当评论家在内的电影观众对字幕做出反应时，是什么导致他们采用了工具主义翻译模型？通常情况下，观众可能会对他们遇到的每一种译文都采用这种模式，但在电影方面，我们必须考虑到他们对路易斯·佩雷斯-冈萨雷斯[①]所说的媒介的"具象惯例"（representational convention）的深入研究：将连续性编辑、时空连贯性、叙事因果关系和同步声音相结合创造了情节（diegesis），即角色制定情节的虚构世界。[24]这一虚幻现实的构建得到了字幕的支持，字幕通过浓缩、重组、省略，以及在音轨上操控言语的其他常用策略，提供基本的叙事信息。[25]在观众的反应中，字幕实际上被纳入了叙事内容中，但从定义上看，它们是非叙事元素，类似于添加到叙事中的片尾字幕或音乐。这一回答基于一种设想，即字幕再现了角色对话中的语义不变量。正如佩雷斯-冈萨雷斯所言，"视听翻译实践在自称表达叙事现实的同时，也传达了**一种忠实的假设**"。[26]

然而，虽然配字幕属于语际翻译，但佩雷斯·冈萨雷斯的描述中明显遗漏了具体的语言特征。这些特征揭示了工具主义，工具主义最终也只好全盘接受字幕和电影叙事之间的共谋。因为无论是何种体裁、文本类型或媒介，如今世界各国的翻译语言都趋于极端同质化，因为它大多遵循当前的标准方言，因此也是最熟悉和最容易理解的翻译语言形式[27]，用这种语言编辑的字幕很容易产

---

① 路易斯·佩雷斯-冈萨雷斯（Luis Pérez-González），挪威阿格德大学外语与翻译系教授。

144 生一种透明的错觉，给人一种直接传达配音言语且不受他人干扰的感觉，同时又用一种低调的方式加强了电影的真实性。除了电影的具象惯例，这种透明译的话语机制也助长了字幕应该隐形的期望。

贝阿尔背离了当前的标准英语，导致这种期望落空，并引起了人们对自己的关注——正如美国评论家的回应所表明的那样。事实证明，贝阿尔的字幕颠覆了传统做法，因此卡瓦利埃的电影英文版发行时，无论是35毫米胶片还是家用录像机（VHS）和数字影碟（DVD）版本，字幕都是由另一位译者马修·波拉克（Matthew Pollack）修改的，但未经贝阿尔允许，他甚至都不知情，而贝阿尔和波拉克都署名了。[28] 几乎找不到带有贝阿尔原版字幕的电影版本；他的文章是他翻译策略的唯一证据。此外，由于贝阿尔没有保留他的字幕副本，因此无法准确确定波拉克修订的性质和范围：似乎保留了口语，但所有古语都被标准用法所取代了。

然而，这件事最棘手的地方是缺少理解力和批判性的自我意识，这在评论家的评论中表现得没有在贝阿尔的评论中那么多。虽然贝阿尔的字幕很有创意，但他似乎无法理解其理论与实践意义。谈到他在卡瓦利埃电影中的工作后，他立即断言：

> 字幕是一种文化口技，重点必须放在木偶上，而不是操纵木偶的人。作为字幕工作者，我们的任务是制作出潜意识字幕，使其与电影情绪和节奏同步，让观众甚至意识不到它正在朗读。我们不想被人注意到。[29]

145 贝阿尔的字幕确实指向了一个完全不同的方向。它鼓励的不是观众的"潜意识"反应，因为观众意识不到贝阿尔的干预，而是主动把字幕本身看作相对独立于配音的文本，因为它们是由译者根据对原材料的特定解释，用不同的语言在不同的文化中创作出来的。然而，在贝阿尔看来，理想的字幕应该"与电影的情绪和节奏保持一致",让观众察觉不到它的存在。因此,他支持翻译和叙事达成一致,并含蓄地认为他对电影的诠释是真实或正确的,忽视了卡瓦利埃对泰蕾丝生活的描述可能会有不同的诠释方式。贝阿尔的翻译实践展现了他的解释行为,但他对自己实践的看法却是绝对的工具主义。

因此,这一事件的关键问题并不是观众被迫意识到了字幕,如贝阿尔的字幕(即他的原始未修改版本),而是观众不知道如何理解或处理它们。如果观众采用解释学翻译模型,反对将字幕完全纳入叙事中,他们就会认为贝阿尔的语言选择是基于法国电影的视听图像,但又与之不同,这些选择构成了英语解释,因为像口语和古语这样的非标准术语不仅偏离了传统的字幕设计,而且源于英语历史上的某个特定时期。可以从这样的角度来理解:观众意识到字幕时,字幕不一定会引发观众不愉快的体验;相反,字幕可以提高观众对电影的鉴赏力,不管观众是否理解电影原声带里所说的语言。

另一个例子可以进一步说明和展开这一点,它涉及一个双关语,由于它依赖声音,在翻译过程中往往注定要被省略,因为语言的声学特征是首先受到影响的。当然,除非译者足智多谋,能在翻译语言中想出一个类似的双关语。在这种情况下,我们需要考虑的是双关语的语义载体,即译文解读电影时所借助的不同含义。

我想说的双关语出现在伍迪·艾伦[①]在 1977 年导演的电影《安妮·霍尔》(*Annie Hall*)的开头,艾维·辛格(Alvy Singer)在与朋友罗伯的对话中表现出他对反犹太主义的恐惧:

艾维:我听得清清楚楚。他压低嗓门说:"犹太佬。"(Jew)

[①] 伍迪·艾伦(Woody Allen,生于 1935 年),美国导演、编剧、演员。《安妮·霍尔》就是伍迪·艾伦导演并主演的一部现代浪漫喜剧。他在剧中扮演艾维·辛格(Alvy Singer)。

罗伯：你疯了！

艾维：不，我没疯。我们当时正要离开网球场，他在场，我和他妻子也在场，他看了她一眼，然后他们俩都看了看我，他压低嗓门说："犹太佬。"（Jew）

罗伯：艾维，你真是有妄想症。

艾维：我哪里妄想了？我对这种事很敏感。有一次，我和全国广播公司的人一起吃午饭，然后我就说，呃……"你吃了吗？"汤姆·克里斯蒂说："没呢，犹太佬（didchoo）？"他说的不是"你呢？"（did you）"你吃了吗？""犹太佬？"他说的不是"你吃了吗？"而是"犹太佬吃了吗？""你明白吗？""犹太佬吃了吗？"（Jew eat？）[30]

这部关于 didchoo 和 Jew 的文字游戏无法用其他语言开玩笑，因为它与英语短语 did you 的特定发音相关。在电影的 DVD 版本中[31]，法语字幕通过引入与疲劳（Je suis fatigué，意思是"我累了"）无关的概念，努力重现双关语，力求接近法语 Juif（犹太人）的发音。正如艾维向罗伯解释的那样，汤姆·克里斯蒂说：juif-/atigué au lieu de 'Je suis fatigué'（犹太人累了而不是我累了）"。西班牙语字幕并没有刻意模仿这种双关语。据艾维说，汤姆·克里斯蒂对他问题的回答是一种赤裸裸的侮辱：克里斯蒂只说了一句："No. ¿Y tú, judío?"（"没有。你呢，犹太佬？"）。法语和西班牙语的字幕可以用相互矛盾的方式来理解：要么是它们证实了艾维对种族主义言论的担忧，要么是它们特别极端，荒谬到不真实的地步，是一种荒谬的夸张，因此可以作为他疑神疑鬼的证据。

加泰罗尼亚影评人何塞·路易斯·瓜纳（José Luis Guarner）于1981年出版了该电影剧本的西班牙语译本，他创造了一个巧妙的双关语来代替英文单词：

第三章　字幕翻译的困境

Alvy: Le oí perfectamente. Dijo "judío" en voz baja.

Rob: ¡Tú estás loco!

Alvy: Que no, hombre. Salíamos de la pista de tenis, ¿sabes?, estábamos él, su mujer y yo. La miró, se volvieron los dos hacia mí y él murmuró entre dientes "judío."

Rob: Alvy, eres un paranoico total.

Alvy: ¿Qué ... qué yo soy un parano ...? A mí esas cosas no se me escapan, ya lo sabes. Mira, tenía que almorzar con unos tipos de la NBC, y yo pregunté: "¿Habéis comido ya, o qué?," y Tom Christie me respondió: "Sí, judías." No dijo: "Ya hemos comido", sino "Sí, judías". ¡Judías! ¿Te das cuenta? "Sí, judías".[32]

judías 这个词完全符合艾维和汤姆·克里斯蒂午餐时的对话，因为它在半岛西班牙语中表示食物"青豆"。然而，因为这个词也可以表示"犹太女性"，这个意思是由艾维和罗伯的聊天话题触发的，它是一个双关语，传达出关于种族主义的含沙射影，被艾维察觉到了。尽管如此，瓜纳的解释虽然得到了英语对话的支持，但引入了分歧，改变了艾维的人物形象：在英语中，艾维是真的疑神疑鬼，因为他听到了 Jew 这个词，但实际上这个词并没有说出来，而在西班牙语中，汤姆·克里斯蒂使用的词确实指的是犹太人，可以被视为反犹太的蔑称，可能是双关语，但无论如何，这都证明了艾维的怀疑是正确的，并表明他并不像看上去那样多疑。西班牙语的双关语让这些含义发挥了作用，但并没有在它们中做出决定。

虽然西班牙大部分通过配音来处理视听翻译（原版外语片保留西班牙语字幕），但可以想象，瓜纳的文本会转换成符合传统空间限制的字幕。如果一个西班牙观众采用工具主义翻译模型，那他只会对西班牙语的双关语做出反应，就好像它在原声带上重现了艾维那句台词的含义，而且还很有可能会爆笑。采用解释学模型的观众也会发笑，但这个观众很可能发现字幕工作者参与其中。这种认知建立在以下意识的基础上：双关语是西班牙的西班牙语所特有的，拉丁美洲的西班牙语并不适用，即使它模仿了英语对话中的一些语言效果，它也只适用于半岛西班牙语，所以字幕制作人的智慧也值得让人钦佩。更善于思考的观众可能会采取另一种方式来解读字幕的解释，会了解西班牙双关语如何改变艾维的人物形象，把他从一个多疑的笨蛋变成一个真正遭受反犹太诽谤的笨蛋，无论这在电影的语境中看起来多么可笑。思考型观众能理解英语，但也倾向于持怀疑态度，他们可能会进一步发现，瓜纳的双关语在拷问艾伦的剧本：它揭露了一个事实，那就是英国人把反犹太主义视为一种多疑的表现，日后可以改编成笑话，即使英国人回过头来担心西班牙语版本的等效性，并指出了这种压力代表的是受到迫害的那些人，在佛朗哥法西斯独裁结束后的十年之内，出版的译本也许都不令人惊讶。换句话说，字幕就像其他所有翻译一样，可以被看作是与原材料建立了一种批判的辩证法，并相互对彼此提出了尖锐的批判，虽然只有在用保罗·利科①的怀疑解释学（hermeneutics of suspicion）靠近时，才会忽略看似连贯的文本表面，通过省略、添加或矛盾来探索隐含的意义。[33]

说一些似乎显而易见，但迄今仍很隐晦的事情：对字幕的这种反应，虽然在理论上和方法上都很成熟，但就像任何一种读写能力一样，必须要经过学习。还有什么地方比从事字幕翻译更适合作为教学的开始呢？如果字幕工作者分析比他们更有实践经验的同事制作出来的字幕，从而探索潜在观众的反应范围，他们就会受到启发，根据他们负责翻译的每部新电影出现的解释难题，来

---

① 保罗·利科（Paul Ricoeur，1913—2005），法国著名哲学家、当代最重要的解释学家之一。

扩展他们的风格。不幸的是，视听翻译的主流教学方法抢占了所有此类教学的先河，因为它仍然具有深厚的工具主义色彩，即便教师自己的研究对字幕再现原声中包含或由原声引起的不变量这一概念提出了质疑。克里斯托弗·泰勒（Christopher Taylor）曾在的里雅斯特大学（University of Trieste）培训翻译人员多年。他在 2009 年发表的一篇文章中，曾举例说明教师为了保持翻译的不变性，可能会采取一些自相矛盾的举措。

泰勒的作品《训练字幕工作者的教学工具》是由两个前提构成的，在他看来，"字幕工作者必须意识到"两个前提，他把这两个前提视为字幕实践的"教训"：第一个来自"传播语言学"，是"电影剧本是'为了说而写，就好像不是写出来的一样'"，而第二个是"在某种意义上，字幕是'为了读而写，就好像不是写出来的一样'"。[34] 因此，在剧本和字幕之间设想了一条不间断的意义链，这样，剧本中口述的现实主义幻觉首先在演员的表演中再现，然后在这些表演的视听图像中再现，最后在字幕中再现。

然而，在阐明这两个"教训"时，泰勒对这一表意链的连续性提出了强烈的怀疑。他首先描述了一项研究"实验"，其中包括"将 50 部设定在当代'真实'环境中的现代电影剧本与来自柯林斯英语语料库（Cobuild Bank of English corpus）的同等字数的口语样本进行比较"，并指出："电影剧本与语料库样本有很大不同"。[35] 泰勒不仅得出结论，这些实验"指出在电影中再现真实的口头话语是有难度的"，而且他进一步观察，"电影对白的文本常常显示出与原剧本的差异，因为演员开始'感受'这个角色，让对白更加真实"，因此，加强了剧本中口头表达不稳定的错觉。[36] 实际上，泰勒对这种强化似乎没有太大的信心，因为为了将观众的"解读"纳入他的教学工具，他最终断言"字幕中的文字代表了一种独特的（宏观）体裁，其解读方式不同于书面脚本文字、屏幕上的原始语言或口语单词"。[37] 可惜泰勒既没有解释字幕构成的"独特（宏观）样式"的本质，也没有解释观众被提示使用它们时的解读模式。

然而，他的论述被大量引用，也就引出了一个关键问题：如果在电影制作过程中，剧本中口头表达的错觉总是会被削弱，如果观众没有把字幕理解为口头话语，那么，为什么字幕工作者还需要翻译，仿佛字幕是原声带上的演讲一样，还要保持一种透明的错觉，让他们的翻译看起来像演讲本身呢？泰勒没有阐述或解决这个问题，这表明他最终无法放弃工具主义，因为工具主义构成了他文章的框架。虽然他有相反的证据，但他坚持字幕是一种效果的再现，是一段对话的现实主义，他认为这是不变量，但电影制作和接受会屈服于这种持续的变化，这表明，正如字幕中所记载的那样，它要么最有力地存在于字幕工作者的解释中，要么就不存在。

字幕翻译的进步

考虑到工具主义主导了字幕研究、教学和实践，所以把它们限制在不加批判的肤浅层面，我们在哪里可以找到推进并提升该领域的可能性呢？最近，电影行业出现了在长篇电影中使用字幕的新做法，而该领域一直以来都是最抗拒改变的。虽然这些做法在行业中仍然处于边缘地位，但它们表明越来越多的解释学翻译模型得到了采纳，即字幕工作者采用脱离字幕惯例的形式和主题解释项。

这些脱离通常包含非标准的语言项目，这样一来，对于那些习惯了传统字幕的观众来说，字幕工作者的翻译更容易被理解，因为传统字幕更倾向于当前翻译语言的标准方言。观众无须了解原语言，就可以注意到并欣赏字幕工作者的作品，即使这种欣赏并不需要比较译文和原文本。相反，这给他们的观看体验提出了更高的要求，比如能够阅读与视听图像的不同方面相关的字幕，并分析翻译如何细微地刻画人物特征、构建叙事或唤起体裁。为了实现这一目标，观众也必须采用解释学模型，其前提假设是，字幕就像所有翻译一样，执行一种解释行为,既能建立语义上的对应,又能在风格上接近原声带上的讲话,同时仍然根据译入语文化中易理解的和有趣的内容来转换语言。此外,正如我们在亨利·贝阿尔中所看到的,即使是有经验的字幕工作者也可能不想受到关注,我的目的是把这种关注放在字幕上,或者能够对他们的工作提供一个理论上可靠的说明。字幕就像其他所有文本一样,可以释放或支持不受字幕工作者意识控制的效果,只有有思想的观众才能理解或阐述它。

新的配字幕方法是标准收藏公司(Criterion Collection)的一个特色,这家发行公司的总部位于纽约,30多年来一直发行修复版的经典和当代电影,附带采访和评论等补充材料,新字幕先是出现在激光光盘(1984—1998)上,然后是DVD(1998)和蓝光光盘(2008)。重新发行的影片中包括数百部外语电影,许多都被重新配上了英文字幕。因此,可以比较标准收藏公司DVD上的字幕与之前电影版本的字幕来衡量翻译实践的变化,后者可以追溯到后来在VHS和DVD上发布的原始35毫米胶片。

比如,朱尔斯·达辛(Jules Dassin)在1955年导演的黑色电影《男人的争斗》(*Du rififi chez les hommes*),简称为 *Rififi*(《争斗》),它讲述了一个以悲剧收场的珠宝店抢劫案。[38] 在我下面展示的一系列摘录中,左栏是1998年发行的VHS版本的未署名字幕,右栏是2001年发行的标准收藏公司DVD中莱尼·博格(Lenny Borger)的字幕。博格出生在布鲁克林,自1990年以来,他作为记者兼翻译长期居住在巴黎,为一百多部法国电影编写了英文字幕,其中包括罗伯特·布列松(Robert Bresson)、路易斯·布努埃尔(Luis Buñuel)、马赛尔·卡尔内(Marcel Carné)、让-吕克·戈达尔(Jean-Luc Godard)、路易·马勒(Louis Malle)和让·雷诺阿(Jean Renoir)等重要导演的作品。为了在创建代表性的样本时进行比较分析,我把《男人的争斗》开场的字幕分成了四组对话,并为每组插入了法语原声带的转写。拼写、标点、画线,以及语言,复制了屏幕上显示的内容,并将一两句台词分配给一个画面。

第一组对话是从一局扑克牌游戏结束后的赊账开始的,首先是一个特写镜头,镜头里有一张散落着纸牌和筹码的桌子。然后玩家们出现在镜头里,聚焦在托尼身上,他的筹码已经用完,双手十指交叉。纸牌被收集起来准备开始下一局,正在这时,托尼与另一个玩家说话,字幕开始了:

Tony: Paulo, prête-moi vingt sacs.

Paul: Impossible, Tony. Tu sais qu'au jeu...

Tony: C'est bon. Je vais m'en faire apporter.

Tony: Lend me twenty Paul

Paul: Impossible, Tony...
We're playing cards...

Tony: All right, I'll send for it.

Paulo...
Stake me.

Impossible, Tony.
Not during a game.

Okay.
I'll call for cash.

托尼:保罗,借我 20 块

保罗:不可能,托尼……
　　　我们打着牌呢……

托尼:好吧,我派人去取。

保罗……
赞助我一点。

不可能啊,托尼。
现在正在玩呢。

好吧。
我去拿钱。

托尼匆匆离开房间,给他的朋友乔打了个电话。在第二次对话中,托尼回到了里屋,他们正在玩新一局扑克游戏。但他一张牌都没拿到:

第三章　字幕翻译的困境　　　　　　　　　　　　　　*141*

Tony: Servez-moi.

Player 2: On ne joue pas sur parole ici.

Tony: Ça vient.

Player 2: Pas de pognon, pas de cartes.

Tony: And me?	How about me?
Player 2: No credit here.	We don't bet promises here.
No dough, no cards.	No cash, no cards.

托尼：我的牌呢？	我的呢？
玩家2：这儿不赊账。	我们这儿不玩口头支票。
没钞票就没有牌。	没有现金就没有牌。

在第三次对话时，乔进屋了：

Jo: C'est moi que t'attends?

Tony: Oui. Tu vois? La confidance règne.

Jo: Bon Dieu, vous le connaissez, c'est Tony le Stephanois tout de même.

Paul: Tony ou pas on s'en fout. Une seule chose compte, le pognon.

Jo [to Tony]: Laisse tomber ces truffes.

Jo: Waiting for me?	You waiting for me?
Tony: Confidence reigns supreme!	Yeah. Their faith is touching.
Jo: You know him!	But you all know him.
It's Tony Stephanois!	He's Tony the Stephanois!

Paul: Only one thing counts here, dough!	Tony or no Tony, only one thing counts... Hard cash.
Jo [to Tony]: Forget these lice.	Forget these lugs.

乔：在等我吗？	你等我呢？
托尼：他们对我没信心！	他们坚决不带我。
乔：你们认识他。	但你们都认识他。
他是托尼·斯蒂芬诺伊斯！	他是托尼·斯蒂芬诺伊斯！
保罗：在这只有一样东西好使钱！	托尼不托尼的又如何，只有这东西有用…… 现金。
乔［对托尼］：别理这些混蛋。	别理这些垃圾。

在第四次对话中，乔对其他玩家进行了无礼的回应之后，我称之为"玩家2"的那个人从桌子上站起来，走到站在房间角落里的乔和托尼面前，拍了拍乔的肩膀：

Player 2: Dis donc. T'es pas poli.
Jo: Ça te défrise?

Player 2: Hey you there! You're not very polite.	Hey, you! You're not polite.
Jo: Oh you object?	That bug you?

第三章 字幕翻译的困境

玩家2：嘿，小子！　　　　　　　嘿，小子！
　　　你太没礼貌了。　　　　　别这么没礼貌。
乔：哦，你反对？　　　　　　　碍你事了？

在乔说最后一句话时，玩家2正要将右手伸进夹克里面的口袋，好像要拿武器，但托尼把手放在他手上阻止了他：

Tony: L'énerve pas, c'est un jeune.
[to Jo] Allez, viens.

Tony: Relax my friend.　　　　　Relax. He's still green.
[to Jo] Let's go.　　　　　　　　Let's go.

托尼：别紧张，我的朋友。　　　别慌，他是个生手。
[对乔]：我们走吧。　　　　　　我们走吧。

两组字幕都传达了充足的信息，随着情节的展开，引导读者去了解，此外二者都逐渐勾勒出了人物的心理轮廓，展示了他们生活环境的阴暗，虽然很可能有危险，但会受到特定的规则和价值观维护秩序。尽管如此，还是有一个明显的区别：前一个版本显示出一种趋势，即使不是完全一致，但将原声带减少到理解交流所需的最少单词，而博格的字幕提供了更饱满、更完整的翻译。因此，"on ne joue pas sur parole ici"这句话在第一组字幕中被压缩为"no credit here"，但博格将其翻译为"we don't bet promises here"，其中promises指的是法语parole（谈话，说话，言语）。比起之前的版本，博格的字幕更加清晰和准确。托尼的台词"confidance reigns supreme"（la confidance règne）虽然是精心翻译出来的，但晦涩难懂，观众看的时候不容易理解，而博格选择了更自由的表达"their faith is touching"，在上下文中不仅可以理解，而且明显带有讽刺意味。前一版删除了托尼提到乔缺乏经验的"c'est un jeune"（他是个年轻人），但博格翻译时插入了一个句子"he's still green"（他是个生手），这句话也很清晰，尽管效果不同：这样一来，玩家2就有了不拔出武器报复乔侮辱自己的动机，从而增强了场景的可信度。

这两组字幕在原声带上沿用了法语口语和俚语，在词汇和句法上也都采用了非标准英语。因此，无论是dough还是hard cash都表示pognon，pognon在俚语中是"钱"的意思，"c'est moi que t'attends?"（你们在等的是我吗？）的每个译本都创造了诸如"在等我吗？"和"你们在等我吗？"的省略用法。尽管如此，博格对非标准英语的使用更一致、更广泛，甚至看起来很系统化。之前的版本选择了标准的方言lend me twenty（借我20块），而博格则使用了赌博术语stake me（赞助我一点），他替换了像lice（混蛋）和"oh you object?"（哦，你反对？），用了俚语lugs（垃圾）和"that bug you?"（碍你事了？）

以上是整部电影里比较有代表性的博格的字幕。托尼、乔和他们的小偷同伴马里奥讨论珠宝店抢劫案时，托尼坚持说他们不带枪。之前的版本用标准的语法说明了他的理由，并用了一个俚语来表示坐牢，"a gun can get you a stretch for life"（一把枪能让你把牢底坐穿了），而博格更多使用了非标准语法的犯罪语言："Get caught with a rod, / and it's the slammer for life"（持枪被抓了／那就是无期）。同样，在之前的版本中，当托尼坚持认为抢劫需要更有野心时，使用最少的俚语与标准方言相结合似乎受到了限制——

The show-case, the daylight job

kid's stuff.

Let's go for something worthwhile,
The safe!—

橱窗里的活儿都是白天干的
小儿科。
我们去弄点值钱的，
保险箱！——

尤其是与博格对小偷说暗语的生动描述相比：

For me, the rocks in the window
are chicken feed.
We gotta go for the real thing.
The jackpot. The safe!

橱窗里的石子
还不够我塞牙缝的。
我们得搞点真东西去。
干一票大的。保险箱！

　　虽然大多数观众不会像我一样做这种细致比较，但影评人偶尔会对字幕做出一些发人深省的评论。1956 年，《男人的争斗》在美国首映，反响不错，字幕似乎也令人满意。《纽约时报》的影评人巴斯利·克劳瑟（Bosley Crowther）看起来很理解这部影片的法语配音，他指出，"英文字幕的对话翻译得很好，除了脏话，基本都翻译出来了"。[39] 然而，克劳瑟提到了未翻译的粗俗字眼，并认为字幕"道出了一切"的观点,表明他评价翻译的标准不是很严格:它不过满足了语义对应的需求,保证观众能够跟上故事的叙述。

大约四十年后,莱尼·博格受命为一幅修复后 35 毫米的胶片重新配字幕时,他有了不同的感受。在一次采访中,我问他在开始工作之前是否检查过《男人的争斗》之前的翻译。他解释说检查过,不过他故意避开了他们的例子:

> 我的确看到了早期的字幕和原版配音。很明显,它们一无是处,因为很少或根本没有口语化的味道或创意。我也没有再回到那种状态……捕捉对话和俚语的结构是非常有必要的……历史证明,字幕纯粹是功能性的,除了提供基本的叙述信息外,从未打算提供其他任何东西。经典的法国电影通常因其文学品质而受到赞扬,所以忽视电影对话的微妙之处会适得其反。[40]

博格的字幕概念比克劳瑟的更为复杂,充满历史视角下的理性感,他因此采取了一种不同的做法。但是,虽然他认为自己的翻译超越了"基本叙事信息",但他的评论仅限于维持对话的"文学品质",尤其是俚语的使用。2000 年,修复版作品在剧院发行,博格的作品不仅引人注目,而且还因其创造性而大受赞赏。《村声》(*Village Voice*)的评论家 J. 霍伯曼(J. Hoberman)说,"重新翻译的字幕很有韵味"。我最喜欢的一段是,一个友好的流氓欢迎酒吧女坐到他的桌子旁,他夸夸其谈:'Hello, kid, sit your moneymaker down.'(你好,孩子,坐下让你的赚钱机器歇会儿)。"[41]霍伯曼认为字幕既是语言的暗示用法(有韵味),也是诠释了视听图像中的角色,让观众更加信服,因为"夸夸其谈"的评论与"友好的流氓"相吻合。

尽管如此,无论是博格还是影评人的上述评论,都受限于翻译与配音对话之间的关系。然而，如果我们考虑翻译和译入语文化之间的关系，就会开辟一个更广阔的解释语境，博格的作品可能会继续超越他想要的对等或风格近似的意义。他在字幕中培养的风格属于特定的文学和电影类型：它由来自美国犯罪小说和好莱坞黑色电影中使用的冷酷散文的黑社会暗语组成。事实上，对于见多识广的观众来说，博格的字幕很可能让人想起 1950 年约翰·休斯顿（John Huston）导演的电影《夜阑人未静》（*The Asphalt Jungle*），这部电影也讲述了一场以悲剧结尾的珠宝店抢劫案。[42] 在某些方面，风格惊人地相似：在休斯顿的电影中，一个名叫迪克斯的前科犯告诉他的朋友格斯，他欠了赌债，"付不起"钱，格斯回答说，"哦，别担心。我先给你垫上。"（Oh, stop worrying. I'll stake you.），用的就是博格在《男人的争斗》翻译托尼台词的那个词。

这种联系可以在字幕和电影之间建立起一种批判的辩证关系（critical dialectic），阅读译文时，这种辩证关系会激发出潜在的可能性。辩证法的本质取决于对文化传统和辩论的了解程度，观众会把这种了解带入到视觉体验中去。在《男人的争斗》的例子中，原声带中的法语和博格字幕中非标准英语之间的对比，可以增强它们的美国特色，同时唤起其翻译涉及的互文联系和符际联系。

这些联系反过来可以表明，《男人的争斗》的文化条件不仅繁杂，而且跨越英法两国。这部电影改编自奥古斯特·勒·布里多（Auguste Le Breton）的犯罪小说《男人的争斗》（1953），该小说运用了法国的黑社会暗语（argot），同时也反映了 20 世纪 40 年代末达辛在好莱坞电影公司的成果，当时他执导了几部黑色电影，例如《血溅虎头门》（*Brute Force*，1947）、《不夜城》（*The Naked City*，1948）、《盗贼公路》（*Thieves' Highway*，1949）以及《四海本色》（*Night and the City*，1950）。这之后他在麦卡锡时代被列入黑名单并移民到法国。由于博格的字幕，人们注意到达辛的《男人的争斗》在达德利·安德鲁的定义中拥有"世界电影"的地位：一部在特定地点制作的重要电影，揭示了"相互冲突的电影词汇和语法"[43]。在《男人的争斗》中，法国诗意现实主义和好莱坞黑色电影这两种电影倾向，将引人入胜与晦涩难懂相结合。因此，阿拉斯泰尔·菲利普斯[①]认为，"这部影片风格的关键在于身份认同感存在漏洞且缺乏连贯性"，也许最明显的就是描述托尼的居住空间时：虽然这部电影以巴黎为背景，"但当［托尼］穿过他那富有诗意、饱含现实主义的公寓门口，来到美式大城市的喧嚣时，他体现了整部影片的混合张力"。[44]

任何字幕都能跨越国界，在其他语言和文化社区中传播，因此，字幕可以让影片走向世界。然而，博格为《男人的争斗》编写的字幕，不仅发展了一种有助于人物塑造和叙事的黑色风格，而且在好莱坞形式和实践的支配下，本国和外国素材独特地结合在一起，组成了世界电影，这一切都让该影片的字幕更加成功。如果博格选择遵循字幕惯例，采用将对话减少到基本叙事信息的操纵策略，并遵循当前的标准英语，这些解释性可能就会被扼杀在摇篮里。

异域特色

亨利·贝阿尔和莱尼·博格的创造性翻译让人想起阿贝·马克·诺恩斯[②]对"陈腐"（corrupt）字幕和"反常式"（abusive）字幕的区分，极具开创性。诺恩斯认为，字幕的物质条件，即一种时空约束的"装置"（apparatus），"必须对原文本进行暴力翻译"。暴力翻译有两种方法：陈腐的字幕工作者"通过成文规定和传统压制掩盖他们重复的暴力行为"，我一般称之为传统的字幕做法，然而"反常式的字幕工作者用文本和图像，即对语言及其语法、形态和视觉特

---

① 阿拉斯泰尔·菲利普斯（Alastair Phillips），英国华威大学电影研究教授、杂志《屏幕》的主编。
② 阿贝·马克·诺恩斯（Abé Mark Nornes），密歇根大学电影艺术与文化以及亚洲语言与文化的副教授。

征进行试验,从而将翻译从默默无闻中解放出来",这就把那些字幕惯例变成了反常式运用的对象。[45]"陈腐"一词意味着诺恩斯的区分构成了翻译伦理,他根据原材料的语言和文化差异构建了每种方法的伦理意义:陈腐的字幕是不合格的,因为它"归化了所有的差异,同时假装让观众体验异质性",而反常式的字幕更有说服力,因为它"力求从异国引入或直接在异国范围内翻译"。佩雷斯·冈萨雷斯等视听翻译学者将这一目标理解为"无需中介即可获取原语文化"。[46]

诺恩斯所说的反常式字幕策略利用了非标准的语言项目,如俚语、古语和粗俗语,因此贝阿尔和博格的字幕似乎是这种策略的典范。但他们反而让我们重新思考诺恩斯的观点。首先,他们的字幕表明,在翻译中,没有一个地方是真正不受翻译过程影响的"异国"。翻译"他者",即原材料时,虽然无法直接获取原语文化,但可以通过源于译入语文化并回应该文化的解释行为,以中介的形式获取。因此,"反常式的字幕总能带观众回到原文"[47]的说法是不可能的。对于《男人的争斗》的英语观众来说,他们不懂法语口语,博格的字幕很可能指向美国犯罪小说和好莱坞黑色电影,至少一开始是这样。如果观众在观看电影时对字幕和配音进行比较,就会发现与法语对话相比,博格的选择实际上增加了黑社会暗语的数量。诺恩斯本人也承认,中介在翻译中是不可避免的:他不止一次指出,字幕的简化"暴力"或变革"暴力"是"该机制所必需的",而且,外国电影的异质性只能通过"篡改语言规则和电影规则"[48]的字幕体现出来。我们需要记住,无论反常式的字幕工作者使用什么手段来改变这些规则,它们都源于译入语文化,就像规则本身一样,并不是源于原语文化。

诺恩斯的叙述中还有第二个问题:他认为观众可以接受反常式用法。不仅字幕工作者必须脱离传统做法,观众也必须做出解释行为来阐明这种脱离的意义,从翻译语言和文化的角度来说,它显示了原材料的语言及文化差异的具体作用。诺恩斯想当然地认为,观众具备感知和处理反常式运用的能力,他将其称为"文本和电影效果超越了以叙事为重点的对等创作"[49]。对于爱看电影的观众来说,博格的俚语翻译一定会在传统字幕中引人注目。但是,不管它的效果如何,它仍然提供了基本的叙事信息,因此可以被纳入叙事,所以对很多观众来说,字幕显然支持现实主义的幻觉。诺恩斯似乎意识到了这种可能性,他说,反常式字幕"是针对传统的,甚至是针对观众和他们的期望的"[50]。实际上,如果观众想要欣赏字幕的诠释潜力,就必须打消他们对幻觉反应的期望。然而,只要电影发行公司和翻译培训机构有这些规定,并得到影评人、翻译教师和字幕工作者自己的认可,就不能低估字幕惯例的制衡力量。如果观众没有受过其他译入语实践的教育,那就很难驱逐或挑战这种体制力量。贝阿尔为《圣女泰蕾丝》编写的字幕的命运证明了虚拟遗忘(virtual oblivion)这一事实。

字幕是否可以反常到打破叙事的束缚,瞬间粉碎现实的幻觉,让观众被迫对包括但不限于叙事的视听图像做出解释?诺恩斯认为,"粉丝字幕"(fansubbing)提供了一个典型案例:自20世纪90年代以来,随着数字技术的发展,业余爱好者可以为电影和电视节目添加字幕,他们的字幕采用了诸如"批注"(headnotes)这样的反常式策略,该策略通过字体、大小和颜色来美化视听图像和排版实验。[51] 佩雷斯·冈萨雷斯发现:"粉丝字幕这种亚文化通常依赖于叙事字幕和反常式字幕的结合,前者传达原始口语对话的意义,后者将非叙事特色加入到字幕文本中",模糊了"消费文本和重新创作文本之间的区别"。[52]

至少在一定程度上,这种模糊或许可以解释为什么电影行业不欢迎粉丝字幕的做法:它们侵犯了版权,在互联网上通过博客和社交媒体传播自己的作品,把消费者变成了制片人。然而,如果撇开这些法律不谈,我们可能会注意到更多的翻译风险。粉丝字幕混合了各种元素,其中包含不平等的本体论地位(与图像有关,如叙事与非叙事),粉丝字幕合并了两种不同的写作,即语际翻译与自主评论。这种合并削弱甚至消除了创新**翻译**实践的必要性：一些标题专注翻译配音里的台词，有一定的局限性，而粉丝字幕组通常会添加一些批注，来定义原语言单词，解释原文化典故和某些物体的重要性，并注释叙事、背景和人物特征，从而有效弥补了这种局限性。可问题仍然存在：**译者**是否足够机智，能制作出吸引观众解读的字幕呢？

看看朴赞郁（Park Chan-wook）导演的恐怖电影《蝙蝠》（*Bakjwi*，2009）的英文字幕就知道了，这部电影在英语国家被翻译成"Thirst"（《渴》）[53]后上映。大部分字幕都是由多伦多的译者权小英①编写的，她从2002年开始，除了翻译短片、电视节目、剧本、预告片和宣传资料外，还为150多部韩国故事片配过字幕。[54]剩余字幕则由曾担任朴赞郁电影制片人的郑元祖（Wonjo Jeong）编写。在某些方面，《蝙蝠》的字幕出人意料，即使不让观众感到困惑，也会让观众产生距离感，该字幕拒绝任何简单或直接的叙事，并对观众提出难以理解的解释学要求。

主人公名叫尚贤（Sang-hyun），是一位天主教神父，在医院里为病人服务。在影片的开头，孝善（Hyo-sun）身患绝症，尚贤站在他的床边，孝善说有一天他拿了一块自己很想吃的蛋糕，但最终决定把它留给两个"挨饿"的姐妹。他想知道自己的善行在他死后是否会得到认可：

HYO-SUN: Think God will remember that?

        Though it's been 30 years?

SANG-HYUN: Absoposilutely.

        Remembering is His specialty.

---

① 权小英（Esther Kwon），精通英语、韩语、法语。加拿大韦仕敦大学英国文学、心理学学士学位，加拿大救世主大学基督教教育学士学位。

孝善：你觉得上帝会记得吗？
　　　虽然已经过去30年了吧？
尚贤：当然记得。
　　　上帝的专长就是记忆力好。

郑元祖选择了 absoposilutely 这个词来翻译原声带中的韩语 dang-geun-iji，这个俚语短语很可能被译为"胡萝卜"（dang-geun 的意思是"胡萝卜"），但是用来表达一种强调的肯定，就像："当然""的确""肯定"或"绝对"。在过去的 20 年里，这个短语先是被用于青年文化，后来被广泛使用。郑元祖采用的 absoposilutely 建立了语义对应，但它同时使用了主题解释，不仅体现了韩语短语的社会起源，也体现了主人公的心理和他首次出现的环境。郑元祖在接受采访时解释了他的心路历程：

> 我注意到主人公尚贤说第一句对白时的场景。它会形成我们对角色的第一印象。导演在传达什么？神父很开朗，富有同情心，也想要展现友善的一面。他有时可能过于开朗，会用些他从孩子们那里学到的好玩的俚语。他试图让一个情况不好的人振作起来，甚至靠一些蹩脚的幽默。[55]

郑元祖的翻译实践采用了解释学模型，他对人物角色进行了详细解读，但像许多专业的字幕工作者一样，他间接把自己的语言选择作为再现语义不变量的工具，包含在剧本里，并在配音对话中表达出来。因此，在采访中，他补充说，"这一切都是为了保留作者的意图，并对其保持最大的忠实，传达所有的细微差别和微妙之处"。郑元祖引用导演主创论，补充了他关于翻译的本质主义思想：这部电影就像一个容器，里面装满了导演想要的不变形式或含义，在这种情况下,导演也参与了剧本的编写。[56]

然而,无论是通过他自己的诠释,还是通过他声称要"保留"导演的意图,郑元祖不同寻常的选择始终表明,他的工具主义可能赋予其含义之外的东西。这是一种被称为"中缀"(infixation)的语言学用法,即一个词的全部或部分嵌入另一个词的主体中,[57]absoposilutely 在 absolutely 的前两个音节之后插入 positive 的前两个音节。自本世纪初以来,虽然它在美式英语中使用的时间不长,但它出现在各种各样的媒体中,如好莱坞动画电影 *The Tigger Movie*(《跳跳虎电影》,2000),日本电子游戏(《逆转裁判》三部曲,2001),2003年城市词典(UrbanDictionary.com)上的词条,以及 2007 年提交给韦氏词典网站的内容,出现在各种互联网的广告和论坛上。该词的使用语境表明,除了其核心含义(强调肯定)外,它还可以包含古怪、幼稚、顽皮、愚蠢甚至荒谬的含义,这导致影片开头对尚贤这一人物描述的解读变得更加复杂。多疑的观众可能会认为,该字幕并不是牧师慈悲的愉悦表达,而是对他肤浅的理想主义(naïve idealism)的讽刺暗示。他说韩语的时候笑得很开心,好像是为了消除孝善临死前的精神疑虑。但是,从可笑的字幕中可以看出,尚贤没有抓住孝善问题背后的真正动机:这位超重的患者有一种负罪感,尤其是在他强忍口水,描述自己送出的蛋糕之后。

Absoposilutely 作为歧点(a point of indeterminacy)出现,它可以被简化为一个单一的含义,并融入叙事中,但它也可以与讽刺产生共鸣,动摇现实主义的幻觉。虽然它与韩语俚语保持语义对应,但这是一个新词,偏离了当前标准英语的字幕惯例。无论是因为这种偏离,还是因为不熟悉这个词,或者两者兼而有之,absoposilutely 都让英语国家的观众又惊又喜。斯坦·凯里(Stan Carey)是一个致力于研究语言学话题的博客作者,他在 2011 年发现:"我没想到会在一部韩国恐怖电影的字幕中看到 absoposilutely 一词。"其他评论家也有同样的反应。[58]这一惊喜无疑打动了一些观众,他们对这个字幕产生了不同的解读。凯里的博客引来了一位"说韩语的人"的评论,他理解原声带中的"儿童俚语",他解释说,"译者可能是想在发音上保持一种出人意料的童趣效果"。因此,字幕中的非标准词条让观众看到了译者,根据他们的语言能力和解释能力,观众可能会感到有必要根据配音来解读译文,在电影的叙事化和非叙事化标准之间转换。

到目前为止,《蝙蝠》中最让人震惊的字幕包括口语和粗俗内容。下面我会举出两个例子,说明译者权小英的语言选择不仅仅是语义对应的建立。第一个例子取材于一开始教堂发生的一幕,尚贤听着一位护士的忏悔,她在分手后打算自杀。他提供教牧辅导(pastoral counseling),负责为她赎罪祈祷,建议她采用日光浴、冷水浴和抗抑郁药等世俗疗法。然而,他补充道:"而且……忘了那个抛弃你的混蛋"(Geurigo ddeonan-nom-eun ijeobeoryeo ije jom;权小英添加了省略号)。选择 dumped(被抛弃的)是为了与韩语的口语词 ddeonan 对应,可以翻译成 left 或 abandoned 等标准词,而粗俗的 bastard(混蛋)是指韩语的 nom,这是一个贬义词,可以翻译成各种英语单词,除了 bastard,还有 jerk、bum、creep 或 cad 等口语词。显然,权小英选择让这句话由一位在忏悔室中执行忏悔圣事的神父说出,这不仅是最让人紧张的选择,而且也最有可能给观众带来震撼的效果。

第二个例子是尚贤和他的发小强宇重新熟悉起来,此时强宇和泰珠已经结婚了。这一幕发生在他们家的厨房,泰珠正在准备紫菜包饭(gimbap,紫菜卷着米饭的食物),她婆婆罗女士正在和神父交谈。泰珠打断了他们的对话,与罗女士说话,字幕在两帧中给出了以下翻译,每帧两行:

Why'd you buy the laver

at that place again, Mom?

I told you it's no good

and the owner's a cocksucker.

妈，你为什么又去

那个地方买紫菜？

我告诉过你别这样

那儿的老板是个贱人。

虽然罗女士和尚贤都没有承认韩语中的粗俗内容，但英语中的粗俗内容强化了原声带上的韩语单词 gaesaekki（可能翻译为 son of a bitch）。或许正是因为这个原因，cocksucker 一词似乎更加令人惊讶：它不仅在家庭背景中不合适，尤其是神父在场的情况下，而且就在那一瞬间，这个极端用语让人出乎意料，与叙事完全脱节了，似乎与当时的场景没有任何关系。

在接受采访时，权小英无法详细解释她的选择，她说自己"很久以前"就参与了这个项目。[59] 尽管如此，她还是把字幕看成是对角色的诠释。她说："我在这里［忏悔的场景］使用了更口语化的词，把尚贤塑造成'不那么普通的神父'，我们（她和导演）决定使用这个词［cocksucker］，让观众对泰珠有了深刻的第一印象。"权小英说自己的目标就是做一名译者，她引用了"对等效应"的概念，由此假设工具主义翻译模型，她的诠释可能会导致原声带和字幕之间的差异，但她并没有让这种差异出现："我的目标是让观众（作为一个整体）在看电影时拥有同样的体验，而不是把观众和（看到字幕的）读者分割开。"

这个目标似乎无法实现。可以肯定的是，能够理解韩国原声带的观众和必须阅读字幕的观众不会体验到同样的电影。例如，在厨房这一场景中，关键的区别不仅包括英语中的粗俗用语，还包括从韩语中删除的各种礼貌敬语。虽然一个更接近原声带的英文版本可能会有泰珠讲话中本没有的讽刺，但它可以这样表述："妈妈，我想恭恭敬敬地说，这家紫菜太容易被撕断，店主真是个贱人。"权小英彻底简化了韩语，去掉了一个代词（je）、一个名词（malsum）、一个动词词干（deuli）和一个后缀（-yo），韩国观众会认为这是泰珠在对婆婆努力表现出礼貌和尊重。这些用词加剧了泰珠使用像 gaesaekki（贱人）这样的粗俗词语的不和谐，这种粗鲁的表达似乎会把她对罗夫人的怨恨转移到她光顾的店主身上。泰珠的发言既表达了自己在家庭中地位低下，也表达了她的不满：一方面，她清楚地知道，自己三岁时，被没受过教育的父亲抛弃了，罗女士收养了她并让她嫁给了强宇；另一方面，她对婆婆和丈夫对她的压迫和虐待感到愤怒。家庭等级在空间上反映在场景调度中：泰珠坐在前景的地板上准备饭菜，而罗夫人坐在桌子旁边的椅子上，向尚贤解释她儿媳的经历。

为了保持或恢复叙事的连贯性，只能依赖字幕的观众很可能对场景进行不同的解读。口语化和粗俗用词可以被解读为揭示了人物的个性，他们的粗俗、虐待和不道德的倾向，也预示着之后的故事发展。在尚贤输了被感染的血液，与泰珠发生性关系，和她密谋杀害她的丈夫，并最终把自己的吸血鬼血液传染给她之后，所有特征都呈现在了观众面前，让人震惊。泰珠想冒犯她的婆婆，这个意图在她用了 cocksucker 后就很明显了，但这个词放大了她的怨恨，动摇了现实主义幻想，尤其是因为她刚刚用了像"妈"这样温暖的词语。

在那一瞬间，沉浸在好莱坞恐怖片套路中的观众可能会想起威廉·弗莱德金（William Friedkin）导演关于恶魔附身的电影《驱魔人》（*The Exorcist*, 1973），里面也使用了同样惊人的粗俗内容，该片的主人公是 12 岁的丽根·麦克尼尔（Regan MacNeil）[60]。恶魔通过丽根向主持驱魔仪式的牧师喊道："Stick your cock up her ass, you motherfucking worthless cocksucker!"一旦察觉出两部电影之间的互文联系，就可以寻求进一步的解释：它暗示了泰珠本质上是邪恶的，但暴露了弗莱德金的电影套路，一方面是区分恶魔，另一方面是被附身的女孩和她的神父。在朴赞郁的电影中，所有这些区别都被抹去了：只剩下一个被虐待的年轻女子和一个牺牲自我最后变成恶魔的神父。

通过字幕建立的互文性，可以引导观众认识到《蝙蝠》的文化差异，认识到它属于评论家所说的韩国"极端"电影，也因此认识到它的异质性是受到了好莱坞电影制作手法的影响。罗伯特·卡格尔①说："虽然当代韩国电影与好莱坞大片风格手法相似，产值较高，但韩国电影很少，如果有的话，也是遵循同样的叙事准则。"因此，"这些作品拒绝以鲜明而坚定的道德立场来判断人物角色，这显然是在批评占绝对主导地位的美国模式"[61]。《蝙蝠》的英文字幕表明了它在国外的状况：作为一种次要文化的产物，它在构成世界电影的文化资源和威望等级中处于从属地位，但它通过改变恐怖片等好莱坞题材，让人们开始质疑这种等级划分。事实证明，这种转变有效地为朴赞郁的电影赢得了认可，要知道只有主流文化机构才能通过翻译和颁奖等形式给予认可：该片获得了2009年戛纳电影节评委会奖。

我的结论是，字幕的问题在于解释：我在本章试图解释"解释"的所有含义。无论译者遵循还是挑战传统的字幕翻译，字幕本身就在原声带中体现了对言语的诠释。然而，在影视字幕制作和接受的各个阶段，由于发行商和译者、翻译学者和讲师、评论家和观众都假定了工具主义翻译模式，这些解释往往是被忽视的。这一模式对目前字幕中使用的操控行为的跨度有重要影响，也会限制当前翻译语言的标准方言，因此产生一种语言透明的幻觉，证明了叙事的现实主义幻觉。工具主义强调基本的叙述信息，阻止了译者和观众完成他们自己的解释行为，限制了理论深度的和丰富的想象力，但正是这些更能突出字幕的潜在影响。

---

① 罗伯特·卡格尔（Robert Cagle），加州州立大学北岭分校电影电视艺术系教授。

最近，在字幕员培训中引入所谓的多模态转写法① 似乎是一种进步，因为它的目标是根据整个视听图像进行翻译，而不仅仅是根据配音中的语音。因此，正如佩雷斯·冈萨雷斯所观察到的，这种方法默认"视听交流在于同步使用多种媒体，获得一套符号学形态的创作和解释"。[62] 然而，由于始终遵守字幕惯例的做法和过于简单化的解释概念，这种方法在使用时受到了影响，例如影片解析从陈述电影"最重要的信息"开始。[63] 事实上，该举动将某一种解释作为语义不变量，并抢先阻止了其他可能的解释，但其实同样的视听图像也可能会证实那些解释。

工具主义一旦复制或转移了原文本不变量，我们就会因此担心翻译被污染甚至被伪造，那么我们难道不应该承认工具主义是一种骗局吗？翻译确实可以给我们一种语义对应，它甚至可以近似于原文本的风格，但如果不是解释带来了变量，它也无法做到这一点。此外，与任何文化形式或实践一样，原材料可能支持多种相互冲突的解释，因此可能有不同的翻译，即使它们也培养了不同的语域、方言和话语，但每一种译文仍会受到语义对应和风格近似的指导。翻译是一种文化产物，有自己的构成材料和处理方法，有自己的文化和社会影响，也有自己的历史意义。这是我们应该学习和实践的东西，对了，还要学习如何享受它。

---

① 多模态转写法（multimodal transcription），为分析视听文本提供了一种有效的方法工具。该方法包括将电影分解为单个帧/镜头/阶段，并分析在每个帧/镜头/阶段中操作的所有符号学模式。

结论 停止／开始

在阅读了上面的论述之后，你肯定会有一些我没预料到的或我没回答的问题，又或者你只想在你觉得更有说服力的论证中，用更长、更细致的篇幅来阐述不同的观点。然而，此刻我最关心的不是进一步的阐述或辩论，而是那种翻译思维，你在这种思维里投入了很多精力——我设计的欲望机器是否会影响到这种思维。换句话说，我更关心的是如何激发你的求知欲。

德勒兹和瓜塔里写道："机器可以被定义为一个打断或中断（coupures）的系统"，因为"首先，每台机器都与它切入（的重点）的连续物质流（hylè）相关"。[1] 如果我的评论带有生产欲望（desiring-production）的潜力，能将翻译理论和评论中的工具主义解域化，那么，它必须提供中断的指令，不仅是为了批判，也是为了在解释学模型的基础上寻求翻译思维的新方式。哪些概念和做法是必须避免的，哪些做法是为了确保翻译作为一种解释行为来构思和执行的？我们必须做点什么来阻止人们对工具主义的欲望，并将其转向对翻译的解释学理解呢？

我回答这些问题时的讲话方式比较强硬，说实话与意识形态有关，很像宣传，发出命令，并邀请你们"保持斗争的而不是沉稳的立场"[2]。这一立场既散漫，但又符合制度。它呼吁大家抵制工具主义在文化机构话语中的主导地位。

停止假设原文本具有不变的形式、意义或效果；**开始**假设原文本可以支持多种相互冲突的解释，从而支持一连串同样异质的译文。

工具主义者的不变性设想是以直接、无中介地获取原文本的特征和效果为前提，因为它们能够而且应该被复制或转移，成为创作译文的标准，然后评估译文的"准确性""正确性"和"忠实度"。这一假设掩盖了复杂的解释行为，但事实上，译者和评价者要靠该行为来确定原文本的形式、意义和效果，并选择一个翻译单位来比较原文本与译文文本的异同。然而，任何文本都是一种差异化的多元体，翻译的目标是创造一种语义对应和风格近似的文本，而在实现这一目标之前，这种多元性就已经被调和了。[3]

译文可以建立多种对等关系，同时在原文本中加入可变解释，由其产生和传播的机构控制。其次，评价译文应该根据译者确定解释的必需程度，这不仅与原文的特征和效果有关，而且与这些机构所认可的价值、信仰和表达的层次有关。我们的评价系统应该问，就算翻译不够稳定，但它是否有助于艺术和科学在其当前配置或设置下稳定运行，或启动一个创新和改变的过程呢？

停止从可译性和不可译性以及翻译得失的角度来思考原文本；**开始**思考翻译是一种可以在任何原文本上进行的解释行为。

只有假定原文本的特征和效果是不变的，即译文必须复制或转换这些特征和效果，才能认为翻译丢失了原文本特征和效果。但是没有翻译可以完成这项任务：语言和文化的差异决定了它总会将原文本置于一个既去语境化又重新语境化的转换中，用翻译语言中的另一个意指化过程来改变和替代原文本的意指化过程。因此，原文本在原始文化中所支持的含义、价值和功能最终要让位给译文在译语文化中所支持的含义、价值和功能。

这种意义上的转变，在语言和文化上是不可分割的，并不会给原文本带来收益。收益的概念，就像损失的概念一样，是一个工具主义的隐喻，它假定不变的特征和效果，从而可以衡量收益。相反，翻译则是通过各种形式和主题解释项的应用来构建不同的解释语境，为原文本在不同的语言和文化中被接受创造新的可能性。正如任何文本都可以被解释一样，任何文本也可以被翻译——除非对翻译的理解受到不变量假设的限制。

停止把译文当作是或可能是与原文本相同的文本一样来阅读；**开始**把译文当作文本本身阅读，相对独立于它们所译出的文本。

通常情况下，人们阅读译文是因为它们的原文本，而不是因为它们在这些文本中的解释。如今，这种做法普遍存在：阅读受到外语水平的限制，这是不可避免的，因此每个读者都必须使用各种语言的译本，不仅是美国等单语文化国家的读者，也包括非洲和印度这样的多语文化地区的读者。所以翻译就要常常冒着还原原文本的风险，也可以说是抹去它们之间的所有区别，尤其是考虑到工具主义者的翻译思维在世界范围内占据主导地位。

当前的翻译实践要求译者保持语义对应和风格近似，让译文能够提供某种程度的原文本形式及其含义。但这种程度是有限的：翻译是一种彻底的变革。为了培养对这一事实的批判意识，防止译文还原到原文，在阅读译文时必须采用不同的假设。读者必须假定译者的语言选择构成了解释动作，用译语文化及其机构特有的形式和语义特征改写原文本。[4] 也许最重要的是，译者必须能够向依赖其作品的不同读者（包括精英读者和大众读者）详细说明自己的解释行为，从而支持翻译素养的发展。

我强烈意识到，我已经概述了一场斗争，如果不把它仅仅看作是无意义或无关紧要的，那它可能看似很艰难，甚至被认为是不可能的。人们的智力习惯已经建立起一个看似合乎常理的翻译观点，在这一点上是无可争议的。没有什么比阅读译文更自然的事情了，因为它还原了原文，所以假设二者之间存在一个重大区别，可能会让人觉得难以置信。将译文中的词或短语与原文本中相对应的词或短语进行比较，没有什么能比用这种方法判断译文效果看似更自然的了。在比较时必须有第三个因素或一整套因素，可能会让人们觉得多此一举。当然，在翻译的制作、传播、使用以及翻译实践的研究和教学中，继续保持这些习惯似乎是再正常不过的事情了。

然而，最天真的行为不过就是努力理解翻译是什么和做什么。

我们必须要揭露这些习惯，因为它们所维持的是绝对的反智主义，以及长期以来它们对翻译及其在文化机构中的地位造成的损害。

所以我想问：你的欲望在哪里？你会把它投入自古以来主导翻译思维的工具主义里吗？或者，你准备好面对翻译带来的难题了吗？你准备好研究那些满足你欲望却越来越明显的语言和文化差异了吗？你的欲望掌握着改变形式、实践、话语和制度的解释力，那么你准备好探索它了吗？

所以，你的欲望在哪里？

注　释

引言　开始 / 停止

1. 参见 Charles S. Peirce, *The Writings of Charles S. Peirce: A Chronological Edition, 1867–1871*, ed. Edward C. Moore (Bloomington: Indiana University Press, 1984), 2: 53–54; Umberto Eco, *A Theory of Semiotics* (Bloomington: Indiana University Press, 1976), 15, 69–71; 另见 Eco, "Peirce's Notion of Interpretant," MLN 91, no. 6 (1976): 1457–72。
2. 参见 Jacques Derrida, "Violence and Metaphysics: An Essay on the Thought of Emmanuel Levinas," in *Writing and Difference*, trans. Alan Bass (Chicago: University of Chicago Press, 1978), 115; 另见 Rodolphe Gasche, *The Tain of the Mirror: Derrida and the Philosophy of Reflection* (Cambridge MA: Harvard University Press, 1986), 161。
3. 参见 Jacques Derrida, "Signature Event Context," in *Margins of Philosophy*, trans. Alan Bass (Chicago: University of Chicago Press, 1982), 320。
4. Martin Heidegger, "The Anaximander Fragment," in *Early Greek Thinking*, trans. David Farrell Krell and Frank A. Capuzzi (New York: Harper & Row, 1975), 14.
5. Heidegger, "The Anaximander Fragment," 22.
6. Heidegger, "The Anaximander Fragment," 22.
7. Heidegger, "The Anaximander Fragment," 30.
8. Martin Heidegger, "Der Spruch des Anaximander," in *Holzwege* (Frankfurt: Klostermann, 1950), 337.
9. Henry George Liddell and Robert Scott, *A Greek-English Lexicon*, rev. ed. Sir Henry Stuart Jones with Roderick McKenzie (Oxford: Clarendon Press, 1940), s. vv. "γένεσις" and "Φθορά."
10. 参见 Mark A. Wrathall, *Heidegger and Unconcealment: Truth, Language, and History* (Cambridge: Cambridge University Press, 2011)。
11. Heidegger, "The Anaximander Fragment," 57; "Der Spruch des Anaximander," 367.
12. 我在两篇文章中讨论过这些起源："Genealogies of Translation Theory: Jerome," *boundary 2* 37, no. 3 (2010): 5–28; 及 "Genealogies of Translation Theory: Schleiermacher and the Hermeneutic Model," in *Un/Translatables: New Maps for Germanic Literatures*, ed. Bethany Wiggin and Catriona MacLeod

(Evanston IL: Northwestern University Press, 2016), 45–62。

13. 参见 Michel Foucault, *The Archaeology of Knowledge and the Discourse on Language*, trans. A. M. Sheridan Smith (New York: Random House, 1972), part 4。

14. Michel Foucault, *The Order of Things: An Archaeology of the Human Sciences* (New York: Random House, 1970), xxii, 168; 虽然阿兰·谢里丹在他的网站 http://alansheridanauthor.com/translation-philosphy.html 上把这篇文章列为他的翻译作品之一，但文章中没有提到译者。

15. Foucault, *The Order of Things*, xi.

16. Foucault, *The Order of Things*, xi; *The Archaeology of Knowledge*, 38.

17. Eugene Nida, *Towards a Science of Translating, with Special Reference to Principles and Procedures Involved in Bible Translating* (Leiden: Brill, 1964), 159.

18. Keith Harvey, "A Descriptive Framework for Compensation," *The Translator* 1, no. 1 (1995): 66.

19. Harvey, "A Descriptive Framework for Compensation," 68.

20. Friedrich Schleiermacher, "On the Different Methods of Translating" (1813), trans. Susan Bernofsky, in *The Translation Studies Reader*, 3rd ed., ed. Lawrence Venuti (Abingdon UK: Routledge, 2012), 49; 德文引用自弗里德里希·施莱尔马赫的著作和草稿中的: "Uber die verschiedenen Methoden des Ubersetzens," in *Schriften und Entwurfe: Akademievortrage*, ed. Martin Rossler with Lars Emersleben (Berlin: Walter de Gruyter, 2002), 74。

21. Schleiermacher, "On the Different Methods of Translating," 53; "über die verschiedenen Methoden des übersetzens," 81.

22. Foucault, *The Archaeology of Knowledge*, 192.

23. John Dryden, "Preface to Ovid's *Epistles*" (1680), in *The Works of John Dryden*, ed. E. N. Hooker and H. T. Swedenberg, Jr. (Berkeley: University of California Press, 1956), 1:114, 116.

24. Dryden, "Preface to Ovid's *Epistles*," 117.

25. Foucault, *The Archaeology of Knowledge*, 155, 153; 斜体字为福柯所加。

26. Foucault, *The Archaeology of Knowledge*, 154; 斜体字为福柯所加。

27. Basil Hatim and Ian Mason, *The Translator as Communicator* (London: Routledge, 1997), 12.

28. Foucault, *The Archaeology of Knowledge*, 153; 斜体字为福柯所加。

29. Foucault, *The Archaeology of Knowledge*, 153.

30. Foucault, *The Archaeology of Knowledge*, 175.

31. Hatim and Mason, *The Translator as Communicator*, 20.

32. Hatim and Mason, *The Translator as Communicator*, 1.

33. André Lefevere, "Mother Courage's Cucumbers: Text, System and Refraction in a Theory of Literature," *Modern Language Studies* 12, no. 4 (1982): 4–7.

34. Lefevere, "Mother Courage's Cucumbers," 4.
35. Lefevere, "Mother Courage's Cucumbers," 4.
36. Lefevere, "Mother Courage's Cucumbers," 10.
37. Lefevere, "Mother Courage's Cucumbers," 10–13.
38. Lefevere, "Mother Courage's Cucumbers," 14.
39. 例如，参见 Allan Antliff, "Poetic Tension, Artistic Cruelty: Paul Goodman, Antonin Artaud, and the Living Theatre," *Anarchist Developments in Cultural Studies* 1–2 (2015): 3–30, https://journals.uvic.ca/index.php/adcs/article/view/17179。
40. Foucault, *The Order of Things*, xi; 斜体字为福柯所加。
41. 我在这篇文章中讨论了这种反智主义：*Translation Changes Everything: Theory and Practice* (Abingdon UK: Routledge, 2013), 61–69, 231–43.
42. 例如，参见以下两者的对比：Dawn Tsang, "Translator as Co-Producer: Metempsychosis and Metamorphosis in Ezra Pound's *Cathay*," *Asia Pacific Translation and Intercultural Studies* 1, no. 2 (2014): 142–70; Dominic Cheetham, "Literary Translation and Conceptual Metaphors: From Movement to Performance," *Translation Studies* 9, no. 3 (2016): 241–55。
43. Wyatt Mason, "Homer's Daughter," *New York Times Magazine*, November 5, 2017, 50.
44. Wyatt Mason, "Homer's Daughter," 51.
45. 我在 *Translation Changes Everything*, 96–108 中沿着这些思路讨论了重译。
46. 弗雷德里克·雷纳（Frederick Rener）在 *Interpretatio: Language and Translation from Cicero to Tytler* (Amsterdam: Benjamins, 1989), 24–26中收集引文；另见 A. E. B. Coldiron, "Commonplaces and Metaphors," in *The Oxford History of Literary Translation in English, Volume 2, 1550–1660*, ed. Gordon Braden, Robert Cummings, and Stuart Gillespie (Oxford: Oxford University Press, 2011), 112。
47. George Chapman, "The Preface to the Reader," in *Chapman's Homer: The Iliad, Odyssey and the Lesser Homerica*, ed. Allardyce Nicholl (Princeton NJ: Princeton University Press, 1956), 1:17.
48. 参见 Siobhán McElduff, *Roman Theories of Translation: Surpassing the Source* (Abingdon UK: Routledge, 2013), chap. 4; Rita Copeland, *Rhetoric, Hermeneutics, and Translation in the Middle Ages: Academic Traditions and Vernacular Texts* (Cambridge: Cambridge University Press, 1991), chap. 1; A. C. Howell, "*Res et Verba*: Words and Things," ELH 13, no. 2 (1946): 131–42; Rener, *Interpretatio*, 19–24。
49. Cicero, *De invention; De optimo genere oratorum; Topica*, ed. and trans. H. M. Hubbell (Cambridge MA: Harvard University Press, 1949), 5:14; 查普曼的拉丁词的早期现代含义被列在 *Oxford English Dictionary*, s. v. "convert, v.," III. 13 and "interpreter, n.," 2. a。
50. 关于 "apt" 在早期现代意义上 "fitted (material)" 的含义，参见 *Oxford English Dictionary*, s. v.

"apt, adj.," 1。

51. "convert" 的早期现代意义为 "改变特征或功能"，参见 *Oxford English Dictionary*, s. v. "convert, v.," 11. c。
52. Foucault, *The Order of Things*, 29, 32.
53. Alexander Fraser Tytler, *Essay on the Principles of Translation*, ed. Jeffrey Hunstman (Amsterdam: Benjamins, 1978), 110.
54. Foucault, *The Order of Things*, 64.
55. Foucault, *The Order of Things*, 281.
56. Walter Benjamin, "The Translator's Task," trans. Steven Rendall, in Venuti, *The Translation Studies Reader*, 78.
57. Benjamin, "The Translator's Task," 78.
58. Benjamin, "The Translator's Task," 77–78.
59. Benjamin, "The Translator's Task," 75, 77, 79, 80; Benjamin, "Die Aufgabe des übersetzers," in *Gesammelte Schriften IV*, ed. Tillman Rexroth (Frankfurt: Suhrkamp, 1972), 1:9, 12.
60. Benjamin, "The Translator's Task," 79.
61. Benjamin, "The Translator's Task," 79.
62. Benjamin, "The Translator's Task," 79; 这段引文包含了译者史蒂文·兰道尔在电子邮件（2017年12月20日）中对这篇文章已发表版本所做的修改。
63. Benjamin, "The Translator's Task," 81.
64. Benjamin, "The Translator's Task," 79, 80, 83; Benjamin, "Die Aufgabe des übersetzers," 1:14, 21.
65. Benjamin, "The Translator's Task," 76, 81, 83.
66. Beatrice Hanssen, "Language and Mimesis in Walter Benjamin's Work," in *The Cambridge Companion to Walter Benjamin*, ed. David S. Ferris (Cambridge: Cambridge University Press, 2004), 56.
67. Michel Foucault, "What Is Enlightenment?," trans. Catherine Porter, in *The Foucault Reader*, ed. Paul Rabinow (New York: Pantheon, 1984), 46.
68. The Metropolitan Museum of Art, "Mark Polizzotti Named Publisher & Editor in Chief," news release, November 10, 2010, https://www.metmuseum.org/press/news/2010/mark-polizzotti-named-publisher—editor-in-chief-at-the-metropolitan-museum-of-art.
69. Face Foundation, "French Voices Catalogue," http://face-foundation.org/french-voices/.
70. Mark Polizzotti, *Sympathy for the Traitor: A Translation Manifesto* (Cambridge MA: MIT Press, 2018), xiii, xv.
71. Polizzotti, *Sympathy for the Traitor*, 8.
72. Polizzotti, *Sympathy for the Traitor*, 16.

73. Polizzotti, *Sympathy for the Traitor*, 78.
74. Polizzotti, *Sympathy for the Traitor*, 63.
75. Polizzotti, *Sympathy for the Traitor*, 106.
76. Mark Cousins, *The Story of Film* (London: Pavilion, 2004), 145.
77. Polizzotti, *Sympathy for the Traitor*, 102–3.
78. 我曾讨论过透明度错觉，参见: *The Translator's Invisibility: A History of Translation*, 2nd ed. (Abingdon UK: Routledge, 2008), 1–5。
79. Michael J. McGrath, "Tilting at Windmills: *Don Quijote* in English," *Cervantes: Bulletin of the Cervantes Society of America* 26, no. 1 (2006): 7–39; John Jay Allen, "*Traduttori Traditori*: *Don Quixote* in English," *Crítica Hispanica* 1, no. 1 (1979): 1–13.
80. McGrath, "Tilting at Windmills," 38.
81. McGrath, "Tilting at Windmills," 16, 15.
82. 实际标题为 *Diccionário De La Lengua Castellana: En Que Se Explica El Verdadero Sentido De Las Voces, Su Naturaleza Y Calidad, Con Las Phrases O Modos De Hablar, Los Proverbios O Refranes, Y Otras Cosas Convenientes Al Uso De La Lengua* (Madrid: Hierro, 1726–1739), 6 vols。
83. 我所引用的"adarga"（皮盾）的含义见: *Collins Spanish to English Dictionary*, https://www.collinsdi-ctionary.com/dictionary/spanish-english/adarga; *Langensheidt's Pocket Spanish Dictionary* (Berlin: Langenscheidt, 1997); 另见 *Oxford Language Dictionaries*, https://es.oxforddictionaries.com/translate/spanish-english/adarga。
84. Frank Kermode, "Institutional Control of Interpretation," in *The Art of Telling: Essays on Fiction* (Cambridge MA: Harvard University Press, 1985), 170.
85. McGrath, "Tilting at Windmills," 30.
86. McGrath, "Tilting at Windmills," 7.
87. Allen, "*Traduttori Tradutori*," 1.
88. Brian Mossop, "Invariance Orientation: Identifying an Object for Translation Studies," *Translation Studies* 10, no. 3 (2017): 329.
89. Mossop, "Invariance Orientation," 331.
90. Mossop, "Invariance Orientation," 331, 332.
91. Mossop, "Invariance Orientation," 331.
92. Mossop, "Invariance Orientation," 332.
93. Mossop, "Invariance Orientation," 331.
94. Mossop, "Invariance Orientation," 335.
95. Mossop, "Invariance Orientation," 335.

96. 实现这些进展的途径之一是凯瑟琳·戴维斯的词条："Deconstruction," in *Routledge Encyclopedia of Translation Studies*, 2nd ed., ed. Mona Baker and Gabriela Saldanha (Abingdon UK: Routledge, 2009), 74–77.
97. Mossop, "Invariance Orientation," 336.
98. Gilles Deleuze and Felix Guattari, *Anti-Oedipus: Capitalism and Schizophrenia*, trans. Robert Hurley, Mark Seem, and Helen R. Lane (Minneapolis: University of Minnesota Press, 1983), 1:1; *A Thousand Plateaus: Capitalism and Schizophrenia*, trans. Brian Massumi (Minneapolis: University of Minnesota Press, 1987), 333–34, 504–5.
99. Deleuze and Guattari, *Anti-Oedipus*, 116, 183.

第一章　劫持翻译

1. Pierre Bourdieu, *Homo Academicus*, trans. Peter Collier (Stanford CA: Stanford University Press, 1988), 94–95.
2. "The Greene Report, 1975: A Report on Standards," in *Comparative Literature in the Age of Multiculturalism*, ed. Charles Bernheimer (Baltimore: Johns Hopkins University Press, 1995), 30. 目前美国各院系和项目的数据是由科琳·谢纳（Corinne Scheiner）提供的，她负责监督 2014 年比较文学系与专业协会本科比较文学课报告，电子邮件通信，2014 年 2 月 7 日。
3. Erich Auerbach, *Mimesis: The Representation of Reality in Western Literature*, trans. Willard R. Trask (Princeton NJ: Princeton University Press, 1953), 23; Auerbach, *Mimesis; dargestellte Wirklichkeit in der abendlandischen Literatur* (Bern: A. Francke, 1946), 30.
4. "The Bernheimer Report, 1993: Comparative Literature at the Turn of the Century," in Bernheimer, *Comparative Literature in the Age of Multiculturalism*, 47.
5. "The Bernheimer Report, 1993," 44.
6. "The Bernheimer Report, 1993," 44.
7. Haun Saussy, ed., *Comparative Literature in an Age of Globalization* (Baltimore: Johns Hopkins University Press, 2006); 这一卷还收入了史蒂文·温加尔（Steven Ungar）的文章："Writing in Tongues: Thoughts on the Work of Translation," 127–38。
8. Haun Saussy, "Exquisite Corpses from Fresh Nightmares: Of Memes, Hives and Selfish Genes," in Saussy, *Comparative Literature in an Age of Globalization*, 14.
9. Saussy, "Exquisite Corpses," 14.
10. Saussy, "Exquisite Corpses," 29.
11. Saussy, "Exquisite Corpses," 26.
12. Association of Departments and Programs of Comparative Literature, "2005 Report on the

Undergraduate Comparative Literature Curriculum," in *Profession 2006* (New York: Modern Language Association, 2006), 181.

13. Ursula K. Heise, "Introduction: Comparative Literature and the New Humanities," in *Futures of Comparative Literature: ACLA State of the Discipline Report*, ed. Ursula K. Heise (Abingdon UK: Routledge, 2017), 2.

14. Haun Saussy, "Comparative Literature: The Next Ten Years," in Heise, *Futures of Comparative Literature*, 26.

15. Brigitte Rath, "Pseudotranslation," in Heise, *Futures of Comparative Literature*, 230; 拉斯（Rath）引用了图里（Toury）的讨论: *Descriptive Translation Studies—and Beyond* (Amsterdam: Benjamins, 1995), 40–52.

16. Shaden Tageldin, "Untranslatability," in Heise, *Futures of Comparative Literature*, 235.

17. Lucas Klein, "Reading and Speaking for Translation: De-institutionalizing the Institutions of Literary Study," in Heise, *Futures of Comparative Literature*, 216–17.

18. André Lefevere, "Mother Courage's Cucumbers: Text, System and Refraction in a Theory of Literature," *Modern Language Studies* 12, no. 4 (1982): 3–20; "Evaluating Translations as Scholarship: Guidelines for Peer Review," Modern Language Association, https://www.mla.org/About-Us/Governance/Executive-Council/Executive-Council-Actions/2011/Evaluating-Translations-as-Scholarship-Guidelines-for-Peer-Review.

19. Ursula K. Heise, "Comparative Literature and the Environmental Humanities," in Heise, *Futures of Comparative Literature*, 295.

20. Heise, "Comparative Literature and the Environmental Humanities," 295; Heise, "World Literature and the Environment," in *The Routledge Companion to World Literature*, ed. Theo D'haen, David Damrosch, and Djelal Kadir (Abingdon UK: Routledge, 2013), 405.

21. Daniela Kato and Bruce Allen, "Toward an Ecocritical Approach to Translation: A Conceptual Framework," in *State of the Discipline Report, American Comparative Literature Association*, posted March 3, 2014, https://stateofthediscipline.acla.org/entry/toward-ecocritical-approach-translation-conceptual-framework.

22. Pascale Casanova, *La République mondiale des Lettres* (Paris: Seuil, 1999); Casanova, *The World Republic of Letters*, trans. M. B. DeBevoise (Cambridge MA: Harvard University Press, 2004); Franco Moretti, "Conjectures on World Literature," *New Left Review* n.s. 1 (January–February 2000): 54–68.

23. Jahan Ramazani, *A Transnational Poetics* (Chicago: University of Chicago Press, 2009); Rebecca Walkowitz, *Born Translated: The Contemporary Novel in an Age of World Literature* (New York: Columbia University Press, 2015).

24. Walkowitz, *Born Translated*, 1, 98.
25. Walkowitz, *Born Translated*, 28.
26. David Damrosch, *What Is World Literature?* (Princeton NJ: Princeton University Press, 2003).
27. David Damrosch et al., eds., *The Longman Anthology of World Literature*, 6 vols. (New York: Longman, 2004).
28. "Goethe's Mignon," in *The Nineteenth Century*, vol. E of *The Longman Anthology of World Literature*, 2nd ed., ed. Marshall Brown and Bruce Robbins (New York: Longman, 2009), 198, 199.
29. Emily Apter, *Against World Literature: On the Politics of Untranslatability* (London: Verso, 2013), 3.
30. Apter, *Against World Literature*, 3, 8.
31. Apter, *Against World Literature*, 16.
32. Barbara Cassin, ed., *Vocabulaire européen des philosophies: Dictionnaire des intraduisables* (Paris: Seuil, 2004), xxi.
33. Barbara Cassin, ed., *Dictionary of Untranslatables: A Philosophical Lexicon*, trans. Steven Rendall et al., translation edited by Emily Apter, Jacques Lezra, and Michael Wood (Princeton NJ: Princeton University Press, 2014).
34. Cassin, *Vocabulaire européen des philosophies*, xviii.
35. Cassin, *Vocabulaire européen des philosophies*, xvii; 括号为卡辛所加。
36. Apter, *Against World Literature*, 32–33; 括号为卡辛所加。
37. Apter, *Against World Literature*, 33.
38. Barbara Cassin, Étienne Balibar, and Alain de Libera, "Subject," in Cassin, *Dictionary of Untranslatables*, 1075.
39. Ezra Pound, "Cavalcanti," in *The Literary Essays of Ezra Pound*, ed. T. S. Eliot (New York: New Directions, 1954), 196.
40. Sandra Laugier, "To Translate," in Cassin, *Dictionary of Untranslatables*, 1148.
41. Stuart MacClintock, *Perversity and Error: Studies on the "Averroist" John of Jandun* (Bloomington: Indiana University Press, 1956); 必须指出的是，麦克林托克的标题并不是指约翰的作品，而是指他的现代评论家们。另见 Edward P. Mahoney, "John of Jandun," in *Routledge Encyclopedia of Philosophy*, ed. Edward Craig (London: Routledge, 1998), 5:106–8; James B. South, "John of Jandun," in *A Companion to Philosophy in the Middle Ages*, ed. Jorge J. E. Gracia; Timothy B. Noone (Malden MA: Blackwell, 2002), 372–76。
42. Anthony Vidler, "Chôra" in Cassin, *Dictionary of Untranslatables*, 132.
43. Vidler, "Chôra," 133.
44. Vidler, "Chôra," 134.

45. Ben Kafka, "Media/Medium (of Communication)," in Cassin, *Dictionary of Untranslatables*, 626.
46. Kafka, "Media/Medium (of Communication)," 626.
47. Baldassare Castiglione, *The Book of the Courtier*, trans. Sir Thomas Hoby, ed. Walter Raleigh (London: David Nutt, 1900), 59.
48. Seamus Perry, ed., *Coleridge's Notebooks: A Selection* (Oxford: Oxford University Press, 2004), 75.
49. Emily Apter, "Preface," in Cassin, *Dictionary of Untranslatables*, xi.
50. Michael Wood, "13 Untranslatable Words," *Publishers Weekly*, April 11, 2014, http://ww.publishersweekly.com/pw/by-topic/industry-news/tip-sheet/article/61813-13-untranslatable-words.html; Wood, "What 'Justice' Means around the World," *The Huffington Post*, April 17, 2014, http://www.huffingtonpost.com/michael-wood/justice-meaningb5161369.html; and Wood, "Translating Rilke," *World Literature Today* 88, nos. 3–4 (May–August 2014): 46.
51. 参见 Chad Post, "Translation Database," *Three Percent* (blog), April 9, 2018, http://www.rochester.edu/College/translation/threepercent/index.php?s=database; 该数据库由 *Publishers Weekly* 维护和更新，据报道，2017年出版了大约732个新译本，包括小说、诗歌、非小说和儿童文学：https://www.publishersweekly.com/pw/translation/search/index.html。
52. Wood, "Translating Rilke," 46.
53. 关于1997年以前的翻译书目，参见 Ian Hilton, "Rainer Maria Rilke, 1875–1926," in *Encyclopedia of Literary Translation into English*, ed. Olive Classe (London: Fitzroy Dearborn, 2000), 2: 1160–67。
54. Wood, "Translating Rilke," 46.
55. Wood, "Translating Rilke," 47.
56. Wood, "Translating Rilke," 47.
57. 里尔克的信由罗伯特·维兰（Robert Vilain）翻译，托马斯·马丁内克（Thomas Martinec）在 "The Sonnets to Orpheus," in *The Cambridge Companion to Rilke*, ed. Karen Leeder and Robert Vilain (Cambridge: Cambridge University Press, 2010), 97 中引用了这封信，关于二十世纪英语诗歌中迟来的浪漫主义，参见：Antony Easthope, *Englishness and National Culture* (London: Routledge, 1999), chap. 8, and Charles Altieri, *Self and Sensibility in Contemporary American Poetry* (Cambridge: Cambridge University Press, 1984), chap. 1. 更直接的联系：Russell T. Fowler, "Charting the 'Lost World': Rilke's Influence on Randall Jarrell," *Twentieth Century Literature* 30, no. 1 (1984): 100–122。
58. Wood, "Translating Rilke," 47, 48, 49.
59. Wood, "Translating Rilke," 48, 51.
60. Apter, *Against World Literature*, 138.

61. Apter, *Against World Literature*, 146.
62. Apter, *Against World Literature*, 145, 148.
63. Apter, *Against World Literature*, 235.
64. Apter, *Against World Literature*, 249.
65. Apter, *Against World Literature*, 284.
66. Raymond Williams, *Keywords: A Vocabulary of Culture and Society* (Oxford: Oxford University Press, 1976), 280.
67. Apter, *Against World Literature*, 296.
68. Rachel Holmes, *Eleanor Marx: A Life* (London: Bloomsbury, 2014), 253.
69. 加内特的报酬引自 Margaret Lesser, "Professionals," in *The Oxford History of Literary Translation in English, Volume 4, 1790–1900*, ed. Peter France and Kenneth Haynes (Oxford: Oxford University Press, 2006), 88; 租金数据来自一篇匿名文章："Ladies' Residential Chambers," *Englishwoman's Review of Social and Industrial Questions* 20, no. 193 (1889): 271–73。
70. Apter, *Against World Literature*, 319.
71. Eleanor Marx Aveling, introduction to Gustave Flaubert, *Madame Bovary: Provincial Manners*, trans. Eleanor Marx Aveling (London: Henry Vizetelly, 1886), xxii.
72. Apter, *Against World Literature*, 247.
73. Apter, *Against World Literature*, 3.
74. Jacques Derrida, *The Monolingualism of the Other; or, The Prosthesis of Origin*, trans. Patrick Mensah (Stanford CA: Stanford University Press, 1998), 56–57.
75. Samuel Weber, *Benjamin's -abilities* (Cambridge MA: Harvard University Press, 2008), 6.
76. Apter, *Against World Literature*, 138.
77. Weber, *Benjamin's -abilities*, 91–92.
78. 第一本参见 George Steiner, *After Babel: Aspects of Language and Translation* (Oxford: Oxford University Press, 1979), 308; 第二本参见 Jacques Derrida, "Des Tours de Babel," trans. Joseph F. Graham in *Difference in Translation*, ed. Joseph F. Graham (Ithaca NY: Cornell University Press, 1985), 201。唯一一个注意到这两种解读可能都存在的评论者似乎是 John Johnston, "Translation as Simulacrum," in *Rethinking Translation: Discourse, Subjectivity, Ideology*, ed. Lawrence Venuti (London: Routledge, 1992), 45–46。
79. Weber, *Benjamin's -abilities*, 59.
80. Weber, *Benjamin's -abilities*, 93.
81. Weber, *Benjamin's -abilities*, 116.
82. Jacques Derrida, "Signature Event Context," in *Margins of Philosophy*, trans. Alan Bass (Chicago:

University of Chicago Press, 1982), 320.
83. Derrida, "Signature Event Context," 320.
84. Weber, *Benjamin's -abilities*, 65–66. 括号内的斜体缩写指的是 Walter Benjamin, *Gesammelte Schriften IV*, ed. Tillman Rexroth (Frankfurt: Suhrkamp, 1972), 及 *Selected Writings, Volume 1: 1913–1926*, ed. Marcus Bullock and Michael W. Jennings (Cambridge MA: Harvard University Press, 2004), 其中收录了哈里·佐恩翻译的"The Task of the Translator"。
85. Carlo Salzani, "Review of Samuel Weber, *Benjamin's-abilities*," *Bryn Mawr Review of Comparative Literature* 7, no. 1 (Fall 2008), https://repository.brynmawr.edu/bmrcl/vol7/iss1/1; 想了解哈里·佐恩的生活和事业，参见 Pam Saur, "In Memoriam: Harry Zohn (Nov. 21, 1932–June 3, 2001)," *Modern Austrian Literature* 34, nos. 1–2 (2001): 125–28。
86. Apter, *Against World Literature*, 99–100.
87. Robert Barsky, *Constructing a Productive Other: Discourse Theory and the Convention Refugee Hearing* (Amsterdam: Benjamins, 1994); Moira Inghilleri, *Interpreting Justice: Ethics, Politics, and Language* (Abingdon UK: Routledge, 2012); Vicente L. Rafael, "Translation in Wartime," *Public Culture* 19, no. 2 (2007): 239–46; Rafael, "Translation, American English, and the National Insecurities of Empire," *Social Text 101* 27, no. 4 (Winter 2009): 1–23.
88. Rafael, "Translation, American English, and the National Insecurities of Empire," 16, 17.
89. Rafael, "Translation, American English, and the National Insecurities of Empire," 18.
90. Rafael, "Translation, American English, and the National Insecurities of Empire," 17.
91. 我曾讨论过翻译作为抵制跨国资本主义的文化手段，参见 *Translation Changes Everything: Theory and Practice* (Abingdon UK: Routledge, 2013), chap. 8。
92. Stéphane Hessel, *Time for Outrage: Indignez-vous!*, trans. Marion Duvert (New York: Twelve, 2011); the Invisible Committee, *The Coming Insurrection* (Los Angeles: Semiotext(e), 2009)，译者未署名。
93. Stéphane Hessel, *!Indignaos!*, trans. Telmo Moreno Lanaspa (Madrid: Destino, 2011).
94. Matthew Harrington, "Translating Revolutionary Politics in the Nineteenth Century" (PhD diss. prospectus, Temple University, 2017), 3–4.
95. Mari C. Jones, Mair Parry, and Lynn Williams, "Sociolinguistic Variation," in *The Oxford Guide to Romance Languages*, ed. Adam Ledgeway and Martin Maiden (Oxford: Oxford University Press, 2016), 619, 622.
96. Harrington, "Translating Revolutionary Politics in the Nineteenth Century," 4.
97. Jóse Luis Sampedro, "Prólogo: Yo tambien," in Hessel, *!Indignaos!*, 5.

第二章 谚语的不可译性

1. Jerome, *Liber de optimo genere interpretandi (Epistula 57)*, ed. G. J. M. Bartelink (Lugundi Batavorum: Brill, 1980), 5: 2.
2. Jacques Derrida, *Le monolingualisme de l'autre ou la prothese d'origine* (Paris: Galilée, 1996), 103; Derrida, *The Monolingualism of the Other; or, The Prosthesis of Origin*, trans. Patrick Mensah (Stanford CA: Stanford University Press, 1998), 56–57.
3. George Steiner, *After Babel: Aspects of Language and Translation* (Oxford: Oxford University Press, 1979), 248, 251.
4. Jacques Derrida, "The *Retrait* of Metaphor," trans. Peggy Kamuf, in *Psyche: Inventions of the Other, Volume 1*, ed. and trans. Peggy Kamuf and Elizabeth Rottenberg (Stanford CA: Stanford University Press, 2007), 48–80.
5. 我依靠的是词条 "trait," in Maria-Daniella Dick and Julian Wolfreys, *The Derrida Wordbook* (Edinburgh: Edinburgh University Press, 2013), 287.
6. Derrida, "The *Retrait* of Metaphor," 50.
7. Derrida, "The *Retrait* of Metaphor," 77.
8. Emily Austen, "A Stitch in Time," *Texas Monthly*, June 1979, http://www.texasmonthly.com/articles/a-stitch-in-time/; Diane Clay, "A Stitch in Time: Implanted Threads Tighten Skin," *The Oklahoman*, September 20, 2005, http://newsok.com/article/2912461; Lori A. Gurien et al., "A Stitch in Time Saves Nine: Suture Technique Does Not Affect Intestinal Growth in a Young, Growing Animal Model," *Journal of Pediatric Surgery* 51, no. 5 (May 2016): 819–21; Rebecca Kirk, "Lung Cancer: Maintenance Chemotherapy—A Stitch in Time Saves Nine?," *Nature Reviews Clinical Oncology* 9, no. 4 (April 2012): 187.
9. Shareen Robin, "A Stitch in Time Saves Nine: Pre-marital Health Check-Ups a Necessity," *Clue Bunch*, October 30, 2014, http://cluebunch.com/stitch-time-saves-nine-pre-marital-health-check-ups-necessity/.
10. Thomas Fuller, *Gnomologia: Adagies and Proverbs, Wise Sentences and Witty Sayings, Ancient and Modern, Foreign and British* (London: B. Barker, 1732), 283.
11. W. G. Smith, ed., *The Oxford Dictionary of English Proverbs*, rev. F. P. Wilson, 3rd ed. (Oxford: Clarendon Press, 1970), 835; Susan Ratcliffe, ed., *Oxford Treasury of Sayings and Quotations*, 4th ed. (Oxford: Oxford University Press, 2011), 465.
12. D. M. Stevenson, "Trade with South America," *The Times of London*, August 7, 1929, 3.
13. Arthur Sze, ed. and trans., *The Silk Dragon: Translations from the Chinese* (Port Townsend WA: Copper Canyon Press, 2001), 3.

14. Roman Jakobson, "On Linguistic Aspects of Translation" (1959), in *The Translation Studies Reader*, 3rd ed., ed. Lawrence Venuti (Abingdon UK: Routledge, 2012), 131.
15. Jakobson, "On Linguistic Aspects of Translation," 127.
16. Niccoló Franco, *Le pistole vulgari* (Venice: Antonio Gardane, 1539). 参见 Paolo Cherchi, "Traduttore Traditore," *Lingua Nostra* 67, nos. 1–2 (March–June 2006): 59.
17. Franco, *Le pistole vulgari*, 85v.
18. Henri Estienne, *L'introduction au traitté de la conformité des merveilles anciennes avec les modernes: ou, traitté preparatif á l'Apologie pour Herodote. L'argument est pris de l'Apolog. pour Herodote, composée en latin par Henri Estienne, et est ici continué par luy-mesme* (Lyon: Benoist Rigaud, 1592), B6r–B6v.
19. Henri Estienne, *A World of Wonders: or, An Introduction to a Treatise Touching the Conformitie of Ancient and Moderne Wonders: or, A Preparative Treatise to the Apologie for Herodotus. The Argument whereof is taken from the Apologie for Herodotus, written in Latine by Henry Stephen, and continued here by the Author himselfe*, trans. Richard Carew (Edinburgh: Andrew Hart and Richard Lawson, 1608), cv.
20. Jean Nicot, *Thresor de la langue françoyse, tant ancienne que modern* (Paris: David Douceur, 1606); Randle Cotgrave, *A Dictionarie of the French and English Tongues* (London: Adam Islip, 1611).
21. Estienne, *A World of Wonders*, A4r.
22. Estienne, *A World of Wonders*, A4r.
23. A. E. B. Coldiron, "Commonplaces and Metaphors," in *The Oxford History of Literary Translation in English, Volume 2, 1550–1660*, ed. Gordon Braden, Robert Cummings, and Stuart Gillespie (Oxford: Oxford University Press, 2011), 112.
24. Estienne, *A World of Wonders*, A4r.
25. Sir William Cornwallis, *Essayes* (London: Edmund Mattes, 1600), C3v–D4r.
26. Estienne, *A World of Wonders*, A4r.
27. John H. Astington, *Actors and Acting in Shakespeare's Time: The Art of Stage Playing* (Cambridge: Cambridge University Press, 2010), 37.
28. Joachim Du Bellay, *The Regrets with The Antiquities of Rome, Three Latin Elegies, and The Defense and Enrichment of the French Language*, ed. and trans. Richard Helgerson (Philadelphia: University of Pennsylvania Press, 2006), 335, 336, 337.
29. Charlton T. Lewis and Charles Short, *A Latin Dictionary* (Oxford: Clarendon Press, 1879), s. v. "genius" ; Alain Pons, "Genius," trans. Nathaneal Stein, in *Dictionary of Untranslatables: A Philosophical Lexicon*, ed. Barbara Cassin, trans. Steven Rendall et al., translation edited by Emily Apter,

Jacques Lezra, and Michael Wood (Princeton NJ: Princeton University Press, 2014), 380.
30. Nicot, *Thresor de la langue françoyse*, s. v. "genre," 这个词被定义为 "genus humanum"。
31. Du Bellay, *The Regrets*, 337, 336.
32. Du Bellay, *The Regrets*, 335, 334.
33. Lewis and Short, *A Latin Dictionary*, s. v. "gigno."
34. Margaret B. Wells, "What Did du Bellay Understand by Translation?," *Forum for Modern Language Studies* 16, no. 2 (1980): 175–85.
35. Du Bellay, *The Regrets*, 347, 346.
36. Du Bellay, *The Regrets*, 335, 334.
37. Du Bellay, *The Regrets*, 347, 346.
38. Du Bellay, *The Regrets*, 347, 346.
39. Giuseppe Giusti, *Proverbi toscani*, ed. Gino Capponi (Florence: A spese dell'editore, 1873), 179; Robert Christy, *Proverbs, Maxims and Phrases of All Ages, Classified Subjectively and Arranged Alphabetically* (New York: G. P. Putnam's Sons, 1888), 2: 372.
40. Richard Chenevix Trench, *On the Lessons in Proverbs: Five Lectures. Being the Substance of Lectures Delivered to Young Men's Societies at Portsmouth and Elsewhere* (London: John W. Parker, 1853), 28–29.
41. Antoine Berman, "Translation and the Trials of the Foreign" (1985), trans. Lawrence Venuti, in Venuti, *The Translation Studies Reader*, 252. 另见 Berman, "L'essence platonicienne de la traduction," *Revue d'Esthetique* 12 (1986): 63–73.
42. John Frederick Nims, "Traduttore Traditore: Campbell's St. John of the Cross," *Poetry* 80, no. 3 (June 1952): 153.
43. Nims, "Traduttore Traditore," 153, 158.
44. Christopher Reid, "A Match for Macchu Picchu," *London Review of Books*, June 4, 1981, 16.
45. David Damrosch, *What Is World Literature?* (Princeton NJ: Princeton University Press, 2003), 288.
46. Damrosch, *What Is World Literature?*, 289.
47. Louis Untermeyer, *Robert Frost: A Backward Look* (Washington DC: Library of Congress, 1964), 18.
48. Cleanth Brooks and Robert Penn Warren, eds., *Conversations on the Craft of Poetry* (New York: Holt, Rinehart and Winston, 1961), 7.
49. Samuel Taylor Coleridge, *Specimens of the Table Talk of the Late Samuel Taylor Coleridge*, ed. Henry Nelson Coleridge (New York: Harper and Brothers, 1835), 76.
50. *The Letters of Robert Frost, Volume 1: 1886–1920*, ed. Donald Sheehy, Mark Richardson, and Robert Faggen (Cambridge MA: Harvard University Press, 2014), 122, 173, 174.

51. *The Letters of Robert Frost*, 123.
52. *The Letters of Robert Frost*, 248.
53. *The Letters of Robert Frost*, 173.
54. *The Letters of Robert Frost*, 234.
55. William Stanley Braithwaite, "Robert Frost, New American Poet," *Boston Evening Transcript*, May 8, 1915, part three, 10.
56. Thom Satterlee, "Robert Frost's Views on Translation," *Delos* 9 (1996): 49.
57. Untermeyer, *Robert Frost*, 18.
58. *The Letters of Robert Frost*, 234.
59. *The Odyssey of Homer; Books I–XII*, trans. George Herbert Palmer (Boston: Houghton Mifflin, 1884), xi.
60. *The Collected Prose of Robert Frost*, ed. Mark Richardson (Cambridge MA: Harvard University Press, 2007), 123; 维克斯（Weeks）的书的全名是 *Books We Like; Sixty-Two Answers to the Question: "Please choose, and give reasons for your choice, ten books, exclusive of the Bible and Shakespeare, dictionaries, encyclopedias, and other ordinary reference books, that you believe should be in every public library"* (Boston: Massachusetts Library Association, 1936)。
61. *The Odyssey of Homer, Translated into English Prose*, trans. T. E. Shaw (New York: Oxford University Press, 1932), n. p.
62. *The Odyssey of Homer*, trans. Palmer, v.
63. *The Odyssey of Homer*, trans. Palmer, v.
64. *The Odyssey of Homer*, trans. Palmer, v–vi.
65. *The Odyssey of Homer*, trans. Palmer, vi–vii.
66. *The Odyssey of Homer*, trans. Palmer, viii.
67. *The Odyssey of Homer*, trans. Palmer, vi–vii.
68. Emily Apter, *The Translation Zone: A New Comparative Literature* (Princeton NJ: Princeton University Press, 2006), 85, 226.
69. Derrida, *Le monolingualisme de l'autre*, 102; Derrida, *The Monolingualism of the Other*, 56.
70. Jacques Derrida, "What Is a 'Relevant' Translation?," trans. Lawrence Venuti, *Critical Inquiry* 27, no. 2 (2001): 179.
71. Derrida, "What Is a 'Relevant' Translation?," 181.
72. Derrida, *The Monolingualism of the Other*, 56.
73. Derrida, "What Is a 'Relevant' Translation?," 179; Derrida, "Qu'est-ce qu'une traduction 'relevante' ?" in *Quinziemes assises de la traduction litteraire (Arles 1998)* (Arles: Actes Sud, 1999), 26.

74. Jacques Derrida, "Différance," in *Margins of Philosophy*, trans. Alan Bass (Chicago: University of Chicago Press, 1982), 1–28.
75. Derrida, "What Is a 'Relevant' Translation?," 181.
76. Derrida, *The Monolingualism of the Other*, 56.
77. Derrida, "What Is a 'Relevant' Translation?," 183–94.
78. Derrida, "What Is a 'Relevant' Translation?," 194, 195.
79. Derrida, "Qu'est-ce qu'une traduction 'relevante' ?," 42; Derrida, "What Is a 'Relevant' Translation?," 195.
80. Derrida, "What Is a 'Relevant' Translation?," 196.
81. Derrida, "What Is a 'Relevant' Translation?," 198.
82. Derrida, "What Is a 'Relevant' Translation?," 198.
83. Derrida, "What Is a 'Relevant' Translation?," 197.
84. Derrida, "What Is a 'Relevant' Translation?," 194.
85. Derrida, "What Is a 'Relevant' Translation?," 198, 199.

第三章　字幕翻译的困境

1. 关于这一现象的解释，参见 Javier Franco and Pilar Orero, "Research on Audiovisual Translation: Some Objective Conclusions, or The Birth of an Academic Field," in *Research on Translation for Subtitling in Spain and Italy*, ed. J. D. Sanderson (Alicante: Universidad de Alicante, 2005), 79–92; 及 Luis Pérez-González, *Audiovisual Translation: Theories, Methods and Issues* (Abingdon UK: Routledge, 2014), especially 26–27。
2. Jan Pédersén, *Subtitling Norms for Television: An Exploration Focusing on Extralinguistic Cultural Factors* (Amsterdam: Benjamins, 2011), 11.
3. Christine Sponholz, "Teaching Audiovisual Translation: Theoretical Aspects, Market Requirements, University Training and Curriculum Development," Diplomarbeit, Fachbereich Angewandte Sprach- und Kulturwissenschaft, Johannes Gutenberg-Universitat Mainz, 2003, 16, 59, http://sign-dialog.de/wp-content/diplomarbeit_200211sponholzteachingaudiovisualtranslation.pdf.
4. Henrik Gottlieb, "Subtitling—A New University Discipline," in *Teaching Translation and Interpreting*, ed. Cay Dollerup and A. Loddegaard (Amsterdam: Benjamins, 1992), 164–65.
5. Henrik Gottlieb, "Subtitling," in *Routledge Encyclopedia of Translation Studies*, ed. Mona Baker with Kirsten Malmkjar (London: Routledge, 1998), 247.
6. Gottlieb, "Subtitling," 247.
7. Gottlieb, "Subtitling," 247.

8. Pedersen, *Subtitling Norms for Television*, 21. Here Pedersen is referring to Henrik Gottlieb, *Subtitles, Translation and Idioms* (Copenhagen: Center for Translation Studies, University of Copenhagen, 1997), 101.
9. Gottlieb, "Subtitling," 247.
10. Jorge Díaz-Cintas and Aline Remael, *Audiovisual Translation: Subtitling* (Manchester UK: St. Jerome Publishing, 2007; Abingdon UK: Routledge, 2014), 148.
11. *Psycho*,由阿尔弗雷德·希区柯克（Alfred Hitchcock）执导，沙姆利/派拉蒙电影公司制作，1960 年。
12. 字幕出自 Panayota Georgakopoulou, "Subtitling for the dvd Industry," in *Audiovisual Translation: Language Transfer on Screen*, ed. Jorge Díaz-Cintas and Gunilla Anderman (Basingstoke UK: Palgrave Macmillan, 2009), 24。
13. Georgakopoulou, "Subtitling for the dvd Industry," 23.
14. Díaz-Cintas and Remael, *Audiovisual Translation*, 185.
15. Pedersen, *Subtitling Norms for Television*, 43.
16. 引自 Pedersen, *Subtitling Norms for Television*, 91, from Joan Darling, dir., "The Nurses," written by Linda Bloodworth, *M*A*S*H*, season 5, episode 6, October 19, 1976。
17. Pedersen, *Subtitling Norms for Television*, 91; 英语回译由彼得森所加。
18. Pedersen, *Subtitling Norms for Television*, 92.
19. Eugene Nida, *Towards a Science of Translating, with Special Reference to Principles and Procedures Involved in Bible Translating* (Leiden: Brill, 1964), 159.
20. 参见 Ted Okuda with Edward Watz, *The Columbia Shorts: Two-Reel Hollywood Film Comedies* (Jefferson nc: McFarland, 1986), 60; 及 James Niebaur, "The Stooges, At Last, Get Some Respect," *Cineaste* 29, no. 1 (2003): 12。
21. Pedersen, *Subtitling Norms for Television*, 91.
22. Henri Béhar, "Cultural Ventriloquism," in *Subtitles: On the Foreignness of Film*, ed. Atom Egoyan and Ian Balfour (Cambridge MA: MIT Press, 2004), 85; *Thérése*, directed by Alain Cavalier (AFC/Centre National de la Cinematographie/Films A2, 1986).
23. Béhar, "Cultural Ventriloquism," 82.
24. Pérez-González, *Audiovisual Translation*, 34, 49–54.
25. 关于字幕惯例的讨论，见 Díaz-Cintas and Remael, *Audiovisual Translation*, chaps. 6 and 7。
26. Pérez-González, *Audiovisual Translation*, 53，其中包括强调内容。
27. 我曾讨论过这种话语体系及其对译者和翻译实践的影响，参见 *The Translator's Invisibility: A History of Translation*, 2nd ed. (Abingdon UK: Routledge, 2008), chap. 1。

28. 2017 年 4 月 8 日，采访亨利·贝阿尔。哈佛电影资料馆的 35 毫米胶片、1986 年由 Circle release Corp 发行的 VHS 录像带以及 2002 年由 Wellspring Media 发行的 DVD 上都有贝阿尔和波拉克的署名。我原本还想采访波拉克，但没有采访到。
29. Béhar, "Cultural Ventriloquism," 85.
30. 《安妮·霍尔》，由伍迪·艾伦执导，罗林斯-约菲 / 联美电影公司制作，1977 年。剧本引自 Woody Allen and Marshall Brickman, *Annie Hall* (London: Faber and Faber, 2000), 9–10。
31. 《安妮·霍尔》，由伍迪·艾伦执导（MGM Home Entertainment, 1998, DVD），我会在接下来的讨论引用这张 DVD 的法语和西班牙语字幕。
32. Woody Allen and Marshall Brickman, *Annie Hall*, trans. Jose Luis Guarner (Barcelona: Tusquets, 1999), 20–21.
33. Paul Ricoeur, *Freud and Philosophy: An Essay in Interpretation*, trans. Denis Savage (New Haven CT: Yale University Press, 1970), chap. 1; 我列出了译文与原文之间的批判性辩证关系的其他例子，参见 *Translation Changes Everything: Theory and Practice* (Abingdon UK: Routledge, 2013), chaps. 4, 10, 11, 13。
34. Christopher Taylor, "Pedagogical Tools for Training Subtitlers," in Díaz-Cintas and Anderman, *Audiovisual Translation*, 218, 225, 226.
35. Taylor, "Pedagogical Tools for Training Subtitlers," 218.
36. Taylor, "Pedagogical Tools for Training Subtitlers," 218, 219.
37. Taylor, "Pedagogical Tools for Training Subtitlers," 217–18, 225.
38. *Du rififi chez les hommes*, directed by Jules Dassin (Pathé-Consortium Cinema, 1955); 字幕出自 *Rififi*, directed by Jules Dassin (New York Film Annex, 1998, VHS) and *Rififi* (Criterion Collection, 2001, DVD)。
39. Bosley Crowther, "Screen: Tough Paris Crime Story; 'Rififi,' About a Jewel Theft, at Fine Arts," *New York Times*, June 6, 1956, 37.
40. 作者采访莱尼·博格，2017 年 2 月 5 日。
41. J. Hoberman, "Bands of Outsiders," *Village Voice*, July 25, 2000, 119.
42. *The Asphalt Jungle*, directed by John Huston (Metro-Goldwyn-Mayer, 1950).
43. Dudley Andrew, "An Atlas of World Cinema," in *Remapping World Cinema: Identity, Culture and Politics in Film*, ed. Stephanie Dennison and Song Hwee-Lin (London: Wallflower Press, 2006), 23.
44. Alastair Phillips, *Rififi* (London: I. B. Tauris, 2009), 76, 75.
45. Abé Mark Nornes, *Cinema Babel: Translating Global Cinema* (Minneapolis: University of Minnesota Press, 2007), 159, 156, 176–77.
46. Nornes, *Cinema Babel*, 155, 179; Pérez-González, *Audiovisual Translation*, 52.
47. Nornes, *Cinema Babel*, 185.

48. Nornes, *Cinema Babel*, 179.
49. Nornes, *Cinema Babel*, 180.
50. Nornes, *Cinema Babel*, 187.
51. Nornes, *Cinema Babel*, 182–84; Pérez-González, *Audiovisual Translation*, 78–82.
52. Pérez-González, *Audiovisual Translation*, 256, 80.
53. *Thirst*, directed by Park Chan-wook (CJ Entertainment/Moho Films/Focus Features International, 2009). 该电影的 DVD 版本于 2009 年由环球影业家庭娱乐公司发行。
54. 权小英的网站记录了她的工作：http://www.remeta.net/。
55. 作者采访郑元祖，2017 年 2 月 16 日。
56. 在由导演主创论引发的辩论中，关键文件收集在 John Caughie, ed., *Theories of Authorship*, rev. ed. (Abingdon UK: Routledge, 2013) 中。
57. 余梓麟采用了以语言学为导向的研究方法：Alan C. L. Yu takes a linguistics-oriented approach in *A Natural History of Infixation* (Oxford: Oxford University Press, 2007)。
58. Stan Carey, "Absoposilutely Infixed," *Sentence First* (blog), October 7, 2011, https://tancarey.wordpress.com/2011/10/07/absoposilutely-infixed/.
59. 作者采访权小英，2017 年 2 月 7 日。
60. *The Exorcist*, directed by William Friedkin (Hoya Productions, 1973).
61. Robert L. Cagle, "The Good, the Bad, and the South Korean: Violence, Morality, and the South Korean Extreme Film," in *Horror to the Extreme: Changing Boundaries in Asian Cinema*, ed. Jinhee Choi and Mitsuyo Wada-Marciano (Hong Kong: Hong Kong University Press, 2009), 125.
62. Pérez-González, *Audiovisual Translation*, 187.
63. Christopher Taylor, "Multimodal Transcription in the Analysis, Translation and Subtitling of Italian Films," *The Translator* 9, no. 2 (2003): 195.

结论　停止 / 开始

1. Gilles Deleuze and Félix Guattari, *Anti-Oedipus: Capitalism and Schizophrenia*, trans. Robert Hurley, Mark Seem, and Helen R. Lane (Minneapolis: University of Minnesota Press, 1983), 36.
2. 参见 Catherine Belsey, *Critical Practice* (London: Methuen, 1980), 91; 另见 Steve Neale, "Propaganda," *Screen*, 18, no. 3 (1977): 31。
3. 参见 Andrew Benjamin, *Translation and the Nature of Philosophy: A New Theory of Words* (London: Routledge, 1989), chap. 1。
4. 关于将译文单独作为文本阅读的方法，参见 Lawrence Venuti, *Translation Changes Everything: Theory and Practice* (Abingdon UK: Routledge, 2013), 109–115。

图书在版编目（CIP）数据

反对工具主义：论翻译 /（美）劳伦斯·韦努蒂著；蒋童，阿依慕译. -- 北京：商务印书馆，2025.
（二外翻译文库）. -- ISBN 978-7-100-24876-1

Ⅰ. H059

中国国家版本馆CIP数据核字第20259N7C98号

权利保留，侵权必究。

二外翻译文库

反对工具主义
论翻译

〔美〕劳伦斯·韦努蒂　著
蒋童　阿依慕　译

商 务 印 书 馆 出 版
（北京王府井大街36号　邮政编码100710）
商 务 印 书 馆 发 行
北京盛通印刷股份有限公司印刷
ISBN 978 - 7 - 100 - 24876 - 1

2025年7月第1版　　开本 880×1240　1/32
2025年7月北京第1次印刷　印张 5⅞
定价：38.00元